职业技能培训鉴定教材 ZHIYE JINENG PEIXUN JIANDING JIAOCAI

收银员

SHOUYINYUAN

（初级）

编审委员会

沈小君　孙占升　许丽娜　宋淑君

编 写 人 员

主编　沈小君

编者（以姓氏笔画为序）

车亚军　曲芳婷　何　萍　钱孝先

章国平　董　阅

中国劳动社会保障出版社

图书在版编目(CIP)数据

收银员：初级/人力资源和社会保障部教材办公室组织编写. —北京：中国劳动社会保障出版社，2012

职业技能培训鉴定教材

ISBN 978-7-5045-9738-0

Ⅰ.①收… Ⅱ.①人… Ⅲ.①零售商店-付款-商业服务-职业技能-鉴定-教材 Ⅳ.①F713.32

中国版本图书馆 CIP 数据核字(2012)第 101644 号

中国劳动社会保障出版社出版发行

(北京市惠新东街 1 号 邮政编码：100029)

出 版 人：张梦欣

*

中国标准出版社秦皇岛印刷厂印刷装订 新华书店经销

787 毫米×1092 毫米 16 开本 4.5 印张 96 千字

2012 年 6 月第 1 版 2022 年 1 月第 13 次印刷

定价：10.00 元

读者服务部电话：(010) 64929211/84209101/64921644

营销中心电话：(010) 64962347

出版社网址：http://www.class.com.cn

内容简介

本教材由人力资源和社会保障部教材办公室组织编写。教材以《国家职业技能标准·收银员（2009年修订）》为依据，紧紧围绕“以企业需求为导向，以职业能力为核心”的编写理念，力求突出职业技能培训特色，满足职业技能培训与鉴定考核的需要。

本教材详细介绍了初级收银员要求掌握的最新实用知识和技术。全书分为3个模块单元，主要内容包括：收取银钱、商品清点与清付、现金及票据后台管理。

本教材是初级收银员职业技能培训与鉴定考核用书，也可供相关从业人员参加岗位培训使用。

前 言

1994年以来，原劳动和社会保障部职业技能鉴定中心、教材办公室和中国劳动社会保障出版社组织有关方面专家，依据《中华人民共和国职业技能鉴定规范》，编写出版了职业技能鉴定教材及其配套的职业技能鉴定指导200余种，作为考前培训的权威性教材，受到全国各级培训、鉴定机构的欢迎，有力地推动了职业技能鉴定工作的开展。

原劳动和社会保障部从2000年开始陆续制定并颁布了国家职业标准。同时，社会经济、技术不断发展，企业对劳动力素质提出了更高的要求。为了适应新形势，为各级培训、鉴定部门和广大受培训者提供优质服务，教材办公室组织有关专家、技术人员和职业培训教学管理人员、教师，依据国家职业标准和企业对各类技能人才的需求，研发了职业技能培训鉴定教材。

新编写的教材具有以下主要特点：

在编写原则上，突出以职业能力为核心。教材编写贯穿“以职业标准为依据，以企业需求为导向，以职业能力为核心”的理念，依据国家职业标准，结合企业实际，反映岗位需求，突出新知识、新技术、新工艺、新方法，注重职业能力培养。凡是职业岗位工作中要求掌握的知识和技能，均作详细介绍。

在使用功能上，注重服务于培训和鉴定。根据职业发展的实际情况和培训需求，教材力求体现职业培训的规律，反映职业技能鉴定考核的基本要求，满足培训对象参加各级各类鉴定考试的需要。

在编写模式上，采用分级模块化编写。纵向上，教材按照国家职业资格等级单独成册，各等级合理衔接、步步提升，为技能人才培养搭建科学的阶梯型培训架构。横向上，教材按照职业功能分模块展开，安排足量、适用的内容，贴近生产实际，贴近培训对象需要，贴近市场需求。

在内容安排上，增强教材的可读性。为便于培训、鉴定部门在有限的时间内把最重要的知识和技能传授给培训对象，同时也便于培训对象迅速抓住重点，提高学习效率，在教材中精心设置了“培训目标”等栏目，以提示应该达到的目标，需要掌握的重点、难点、鉴定点和有关的扩展知识。

本书在编写过程中得到中国国际职业资格评价协会、东亚星空国际文化传媒有限公司、乐天超市有限公司、北京深蓝信诚科技有限公司、资深摄影师孙振宇等单位与同志的大力支持和热情帮助，在此一并致以诚挚的谢意。

编写教材有相当的难度，是一项探索性工作。由于时间仓促，不足之处在所难免，恳切希望各使用单位和个人对教材提出宝贵意见，以便修订时加以完善。

人力资源和社会保障部教材办公室

目 录

第1单元

收取银钱

第 1 节　收银作业流程

培训目标

→ 掌握收银员的作业流程

一、营业前作业流程

营业前作业流程如图 1—1 所示。

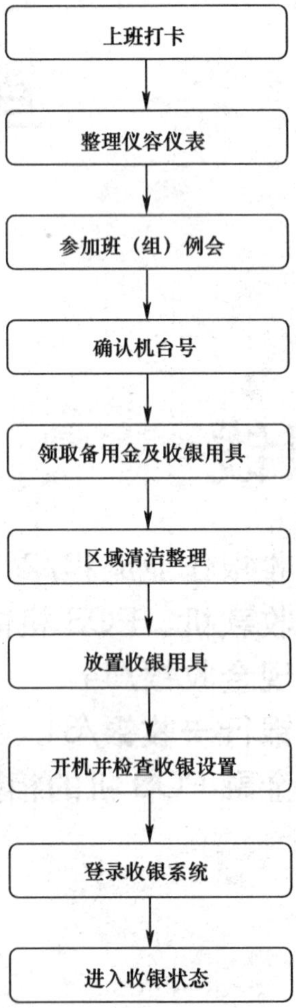

图 1—1　营业前的收银准备流程

1. 上班打卡

收银员上下班和用餐前后均要求打卡记录考勤，未按规范要求打卡，将视为缺勤，并扣除相应工资；代其他员工打卡被视为严重违纪行为。目前，很多单位采用的是指纹打卡，如图 1—2 所示。

2. 整理仪容

收银员上岗前须更换工服，佩戴胸卡，整理好自己的仪容仪表，如图 1—3 所示。

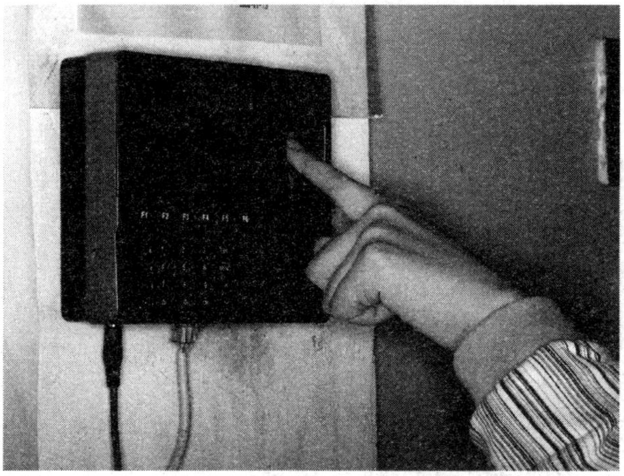

图 1—2　指纹打卡

图 1—3　整理仪容

3. 参加班（组）例会

收银员上岗前须参加由收银主管组织的班（组）例会，例会的内容主要是总结前一天的工作，布置当天的工作，并强调相关注意事项（如确认当日特价品、变更售价商品、促销活动中买赠商品的信息等）。

4. 确认机台号

每个收银台都有相对应的机台号码。例会结束后，收银主管会安排收银员的收银岗位，收银员须记好要上岗的机台号码，对号上岗。

5. 领取备用金及收银用具

收银员上岗前须领取备用金并准备好零钱，领用相关的收银用具，补充必备用品。收银用具主要包括购物袋、海绵盒、抹布和收银小票。除此之外，收银员可根据工作需要，自备笔、计算器、夹子等用具（见表 1—1）。

6. 区域清洁整理

收银员上岗前须对收银台及其周边进行清洁整理，包括整理收款机台面、清洁收款机设备、整理收银柜、清洁地板与垃圾桶，还包括收银台前货架的理货工作，即整理补充商品、清洁灰尘、核实价签等（见图 1—4）。

表 1—1　　收银用具的用途

收银用具的名称	收银用具的用途
购物袋	顾客购买商品较多时，提供购物袋可为顾客带来便利
海绵盒	收银员手比较干燥时，蘸一下海绵缸使手湿润，方便数钱
抹布、纸篓	用于随时清洁收银台
收银小票	为顾客提供购物凭证
签字笔	作必要的标记或记录相关事宜
计算器或算盘	用于计算营业额等相关统计数据
夹子	用于分类存放各种票据或单据
纸袋或橡皮筋	用于整理现钞
塑料绳、胶水瓶、胶带	用于为顾客提供包装服务
花镜、便签	用于为顾客提供方便
暂停收银（服务）牌	提示顾客本机台停止或暂停结算服务

图 1—4　区域清洁整理

7. **放置收银用具**

收银员上岗前须将领取的收银用具放置在相应的位置，包括将购物袋挂在收银台边缘、将收银小票安装到小票打印机上、将备用的收银小票放入收银柜，还包括将海绵盒、抹布、笔、计算器和夹子等放在方便自己使用的位置。

8. **开机并检查收银设备的设置**

收银员开机后须检查系统日期、开机状态、收银系统是否正常，并检查扫描设备、消磁设备、刷卡设备等相关收银设备是否处于正常工作状态（见图 1—5）。

9. **登录收银系统**

收银员输入自己的工号和密码，登录收银系统。

10. **进入收银状态**

收银员打开结账通道，等待顾客。

二、营业中作业

营业中作业如图 1—6 所示。

图 1—5　开机并检查收银设备的设置

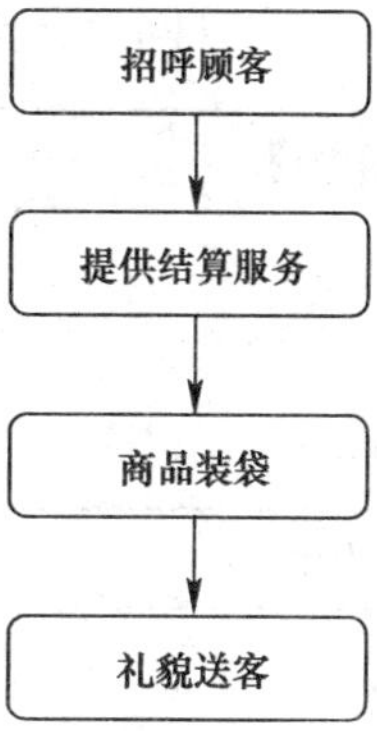

图 1—6　营业中收银作业流程

1. 招呼顾客

顾客临近收银台时，主动招呼顾客（见图 1—7）。

图 1—7　招呼顾客

2. 提供结算服务

认真接待每一位顾客。扫描商品时，要手快，有速度感且准确无误；收取银钱时唱收，为顾客找零时唱付；收款机打出的单子要交到顾客手中。

3. 商品装袋

根据商品特性，帮顾客分类装袋，有易碎品时应提醒顾客注意。

4. 礼貌送客

用“谢谢，您慢走”“欢迎您再来”等用语及微笑表情目送顾客。

在空闲（无顾客结账）时，收银员可做如下工作：

（1）整理、补充收银台各项必备物品。

（2）整理、补充收银台台头商品柜商品。

（3）整理顾客临时退货。

（4）整理、清洁收银环境。

（5）兑换零钱。

（6）经主管同意，支援其他岗位。

【相关链接】

某超市收银服务步骤（见表1—2）

表1—2 某超市收银服务步骤

步骤	收银标准用语	配合动作
欢迎顾客	欢迎光临	面带笑容，与顾客的目光接触 等待顾客将购物车/篮内或将手上的商品放置于收银台上 将收银机的顾客显示器面向顾客
扫描商品	请问这些是您要结账的商品吗	用左/右手拿取商品，并确定该商品的售价及类别代码无误 以右/左手按键或扫描，将商品的售价及类别代码正确地输入收银机 完成输入的商品必须与未输入的商品分开放置，避免混淆 检查购物车/篮内是否还有商品未结算
结算商品总额，并告知顾客	您好，总共是××元	将空的购物篮从收银台上拿开，叠放在固定位置，趁顾客拿钱时，可帮顾客将商品装入袋中，在顾客拿出钱付账时，应立即停止手边的工作
收取顾客支付的货款	收您××元 收您××卡一张 请您输入密码	确认顾客支付的现金金额，并检查钱币真伪，若顾客未付账，应礼貌性地重复提示一次，不可表现得不耐烦 执行银行卡/购物卡结算程序
找零	找您××元，拿好小票 请您在银行结算单上签字 请拿好您的卡	找出正确的零钱，将大钞放在下面，零钱放在上面，双手将现金/银行卡/购物卡连同收银小票一并交给顾客
送别顾客	谢谢！拿好商品，欢迎再来	提醒顾客拿好全部商品 面带笑容目送顾客离开

三、营业后作业

营业后作业如图1—8所示。

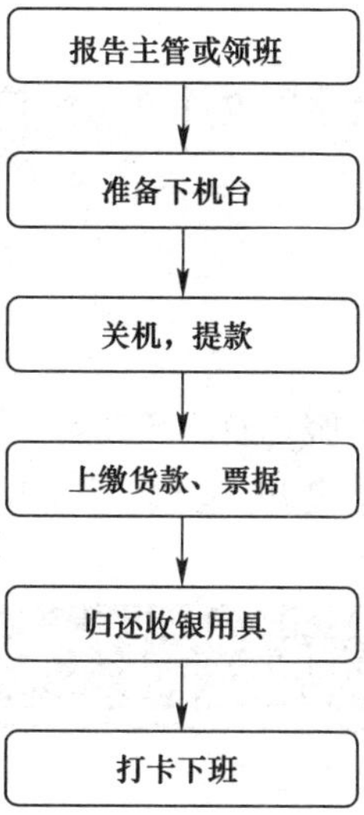

图 1—8　营业后的作业流程

1. 报告主管或领班

收银员交接班离岗前，一定要先报告主管或领班，得到允许后，方可准备离开机台。

2. 准备下机台

（1）放置“暂停服务”牌。收银员在机台上放置“暂停服务”牌（见图 1—9），在接待完本机台最后一位顾客后关闭结账通道。

图 1—9　放置“暂停服务”牌

（2）整理和清洁环境。

3. 关机，提款

按顺序依次关闭 POS 机→验钞机→打印机→总电源，盖上台布。

整理银箱内钱款及票据并装入专用钱袋。

检查机台上和银箱内有无遗漏票款。

4. 上缴货款、票据

离开机台，到指定的总收款室或财务部清点和上缴当班所收全部货款、票据及备用金，填写缴款单。

5. 归还收银用具

归还营业前借出的收银用具。

6. 打卡下班

（1）确定第二日班次，更换工服，打卡下班。

（2）收银员下班要从员工通道离开，严禁由顾客出口离开。

第 2 节　收款机、POS 机的使用

培训目标

- 1. 了解收款机、POS 机的结构、功能和特点
- 2. 熟悉收款机、POS 机的安全常识
- 3. 会使用收款机、POS 机

一、收款机、POS 机的结构

1. 电子收款机基本结构（见图 1—10、图 1—11）

电子收款机（Electronic Cashier Register，ECR）主要由电子器件和机械部件组成，有如下几个基本部分。

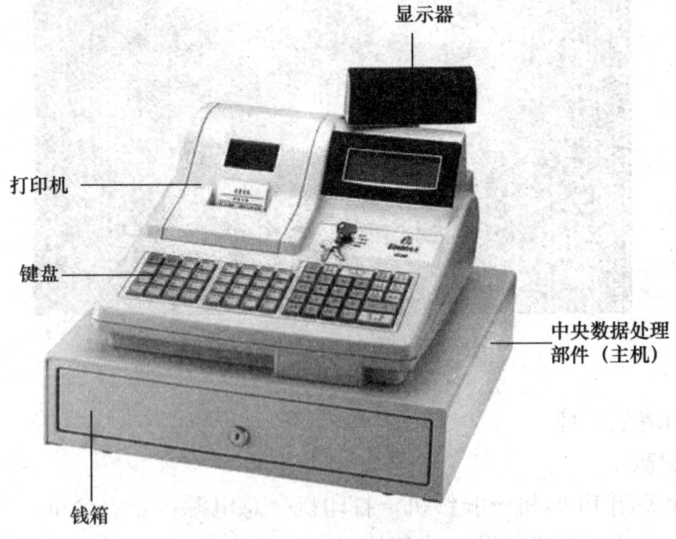

图 1—10　电子收款机

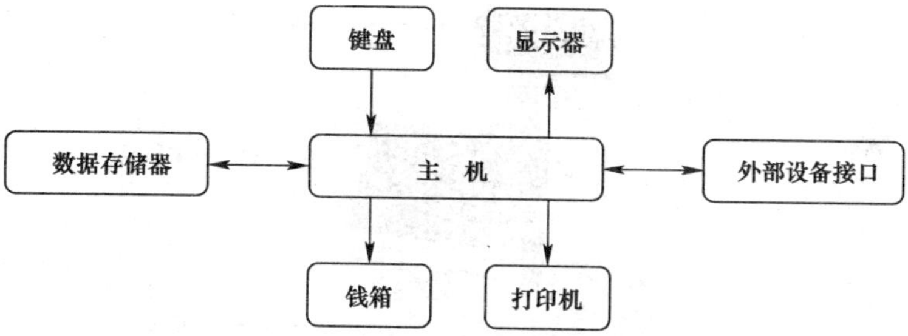

图 1—11　ECR 基本结构图

（1）主机，即中央数据处理部件，是 ECR 的心脏，用于处理、计算由键盘输入的商品件数、金额等各种收款数据，控制收款机的各种设备和部件。

（2）数据存储器。数据存储器用于存储机器的程序和销售商品的数量、金额、税、各类报表等数据信息。

（3）键盘。键盘用来输入各种销售数据。有机械式、电容式及薄膜式等几种键盘。前两种输入速度高，多为商场、超市使用；薄膜式键盘防水防尘，主要适用于餐饮业。

（4）打印机。打印机是 ECR 输出的关键部件，用于打印销售发票和管理存根。商业企业一般要求双层存根或双层打印。打印机有字轮打印机、针式打印机、热敏打印机、压感打印机等类型。

（5）显示器。ECR 的显示部件一般有两个，一个是收银员用的显示器，另一个是提供给顾客用的显示器，方便收银员和顾客进行人机对话，多采用荧光数码或液晶数码显示。

（6）钱箱。钱箱用于存放现金，带有电子控制的开关装置。

（7）ECR 的外部接口。外部设备接口用于连接条码阅读器、发票打印机、电子秤及通信联网等。不同的收款机采取不同的外部接口。

（8）ECR 的运行软件。ECR 的运行软件用于销售数据的录入、加工、输出、存储、传送、通信，并对各设备进行管理。

2. POS 机的基本结构（见图 1—12、图 1—13）

随着计算机技术的普及和商业领域管理水平的提高，POS（Point Of Sales，POS）收款机的使用日益广泛。收银员要做好收银工作，就需要对 POS 机有一个基本的了解。

（1）主机。POS 机的主机包括中央处理器及主板。中央处理器一般为 80386/133MHz 以上的产品，内存基本为 2MB；主板基本上采用微型计算机的通用或专用主板，较高级的收款机采用自行设计的 POS 专用主板，在恶劣环境下有较强的工作能力。

（2）数据存储器。大多数 POS 机使用微机通用的硬盘机或软盘驱动器作为收款机软件及数据的存储器，其存储容量大，使用方便，与普通微机硬件兼容性好，适合在微机上进行软件开发。

（3）显示器。常用的显示器有传统的 CRT（阴极射线管）和 FPD（平板）显示器。显示方式为点阵式和数字式两种，点阵式可显示数字、汉字及西文字符。

（4）键盘。一般 POS 机都配备有专用键盘，键盘输出与普通微型计算机的键盘兼容。

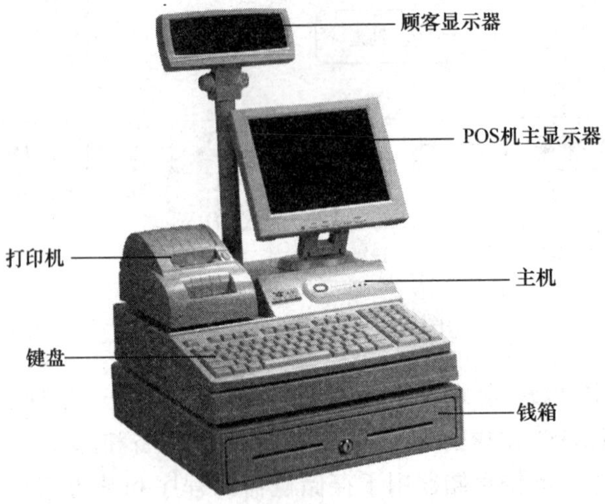

图 1—12　POS 收款机

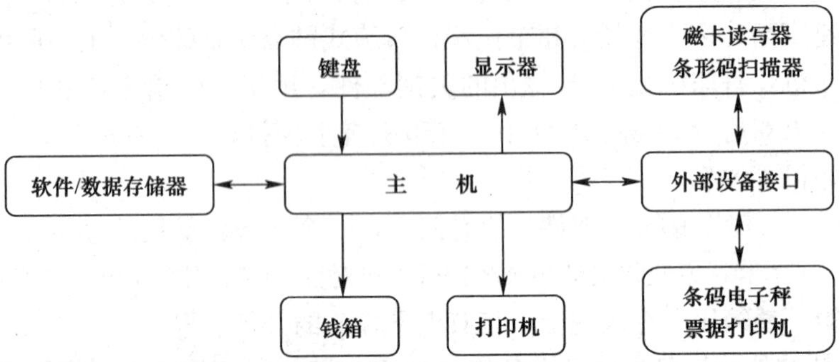

图 1—13　POS 机基本结构图

（5）打印机和票据打印机。基本配用双站或单站击打式专用打印机。打印的行字符数一般为 40 个字符，比 ECR 收款机上用的打印机要多些。

（6）外部接口和外部设备。POS 机带有与计算机相同标准的串行通信口、并行通信口及扩展槽。POS 机的外设扩展能力比 ECR 收款机强。POS 机可配备的外部设备有：

1）条形码阅读器（见图 1—14）。读取条形码信息。

2）电子秤（见图 1—15）。对一些零售称重的商品由电子秤向收款机发送称重信息。

3）条码电子秤（见图 1—16）。对一些拆分包装、重量不等的商品使用条码电子秤，除称重外，还可打印该种商品带有价格的条码。

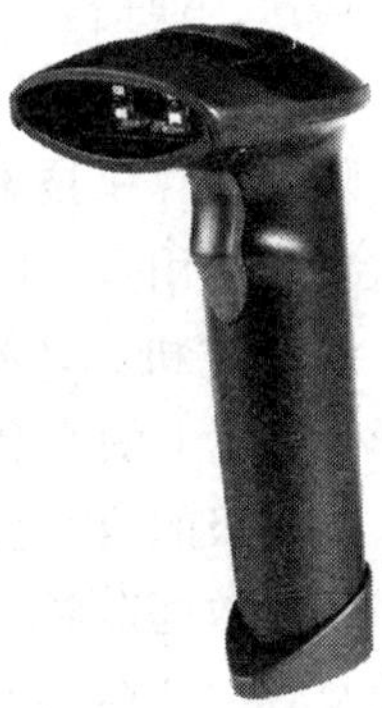

图 1—14　条形码阅读器

4）票据打印机（见图 1—17）。在一些高档 ECR 机或 POS 机上配备票据打印机，完成定制票据或账单打印。

5）磁卡读写器（见图 1—18）。读取信用卡信息，用于银行卡、商户发行的优惠卡、会员磁卡等。

图 1—15　电子秤

图 1—16　条码电子秤

图 1—17　票据打印机

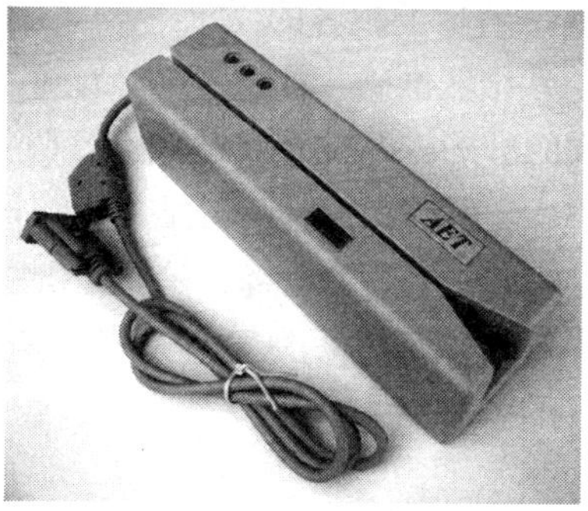

图 1—18　磁卡读写器

二、收款机、POS 机的功能、特点

1. 收款机、POS 机的功能

(1) 准确、高效、自动地进行交易和信息处理。

(2) 商品单品管理。按商品编码销售。

(3) 商品部门管理。按商品的大类或品种销售。

(4) 员工管理。收银员的账务管理和营业员的劳动效率统计。

(5) 顾客管理。记录顾客购物情况，分析购物高峰及倾向。

(6) 促销管理。折扣、减价等。

(7) 货币管理。多种付款方式、外币付款。

(8) 收据的流水账管理。每天可自动打印销售流水账。

(9) 信用销售管理。信用卡结算和顾客挂账处理。

(10) 税收管理。自动计算税金。

(11) 非销售业务的收、支、借、贷处理。

(12) 业务权限管理。限定交易的批准功能。

(13) 部分后台管理。畅销表、滞销表、ABC 分析、库存管理、毛利计算。

(14) 信息通信与联网处理。与微型计算机或上位机连通，形成收款机网络系统

(POS 系统)。

(15) 统计报表和查询管理。各种 Z/X 报表，有财务报表、PUL 报表、部门报表、收银员报表、营业员报表、货币分类统计报表、库存报表、时间段报表、客户报表、销售分析报表等。

(16) 盘点数据的录入和复核功能。

2. 收款机、POS 机的特点

(1) 收款迅速、准确。收款机、POS 机输入信息后，能准确地计算出该笔交易金额，显示顾客购买商品及收、找款信息等。减少了收银员计算交易金额的时间，提高了收款速度，减少了顾客等候时间，极大地方便了顾客，提高了收款的准确性。

(2) 支持多种付款方式。收款机、POS 机在收银工作中，支持现金、支票、信用卡、礼券和提货单等多种付款方式，甚至支持在同一笔交易中采用多种付款方式，提高了效率，满足了顾客的需求。

(3) 结账准确，杜绝差错，堵塞漏洞。使用收款机和 POS 机，能很好地保证交易中钱、物的准确。每天营业结束后，收银员通过收款机、POS 机打出当日销售报表，与各营业小组核对，做到日清日结，可缩短结账时间，提高结账的准确性，杜绝收款过程中出现的差错和长、短款现象，有效地堵塞了管理中的漏洞，防止造成企业的经济损失。

(4) 业绩统计，为管理服务。收款机、POS 机处于企业销售的第一线，记录了有关销售的各种信息，可以为企业提供准确的商品交易信息，有利于企业进行业绩统计，提高管理水平。

1) 收款机、POS 机能够记录收银员的销售业绩及顾客购物信息，企业管理者可以根据收款机提供的各种报表，合理地制定员工薪酬管理制度。

2) 通过对商品销售信息进行分析，促进商品结构调整，科学、合理地进行库存控制。

3) 统计销售过程中现金、支票、信用卡等不同付款方式的交易金额，为收银员与财务管理工作的衔接提供准确的数据。

总之，通过收款机、POS 机提供的信息，可以使企业管理者对企业的资源进行全面、合理地规划、分配和使用，实现企业人、财、物、购、销、存一体化管理，提高企业的经济效益和管理水平。

三、收款机、POS 机的使用

收款机、POS 机的使用因软件设计不同而异。尽管市场上的收银软件有很多种，但其核心的操作规程不外乎以下几点：

1. 开机

(1) 开机程序。电源→UPS→主机→显示器→银行刷卡机。

(2) 员工登录。在“员工登录”窗口，先输入正确的员工号，按下［回车］键，如果口令正确，即可进入系统。

2. 输入交易明细

在“销售”窗口的明细“货号”栏中输入商品条码（可采用条码扫描、键盘手动输入和热键三种方式）。如果没有此商品，则该商品的名称等信息不会显示在屏幕上，并且光标会停留在“货号”栏中；如存在此商品，则屏幕上会显示出该商品的品名、单价等信息。在“数量”栏中输入销售数量，如果不输入数量，则系统默认数量为1；如要修改，可以使用［箭头］键，将光标移动到需要修改的明细上，直接进行修改；如果要删除某商品，按下［删除］键，即可删除光标所在的明细；如要将当前交易全部删除，则可以连续按两下［全部删除］键。当交易明细输入完毕后，按下［总计］键，合计商品总额。

3. 结算打印

按步骤2进入“交易结算”后，屏幕上显示当前交易的“应收”金额，在“预付”金额中输入顾客所付的金额数，按［回车］键后显示出“应找”金额，再按下［打印］键，当前交易完成。

4. 退到“员工登录”窗口

在“销售”窗口下，直接按［回车］键表示“确认”，即退回到“员工登录”窗口，等待下一位员工的登录。

5. 关机

（1）退出。如当前在“销售”窗口，则按下［回车］键后表示“确认”，即退回到“员工登录”窗口，按下［退出］键，屏幕上会出现一个询问窗口，按下［回车］键后表示“确认”，等待片刻，直到出现“您现在可以安全地关闭计算机了”字样，即可关闭电源。

（2）关机程序。银行刷卡机→显示器→主机→UPS→电源。

四、收款机、POS机的安全常识

不要将机器放在高温、潮湿、有酸性气体、振动频繁等不良环境中，使用中应严格遵守操作规程，注意设备的保养和日常维护。

1. 不要将金属物品或水杯等放在机器上，一旦有金属物品或液体进入机器，就可能引起短路而损坏机器。
2. 机器工作时不能打开机壳或其他盖板，以免造成不必要的伤害。
3. 不要阻塞机器的通风口，否则会使机器因过热而烧毁。
4. 移动机器时，首先要拔掉电源线，否则会损害电源线而造成短路或断路。
5. 不要使用与机器规定不符的电压，否则会损坏机器。
6. 在更换打印纸时，注意不要让头发或其他杂物卷进打印机的齿轮中，这样容易造成事故。
7. 不要倚靠在打开的钱箱上，否则容易导致机器摔落而损坏机器。

五、收款机打印纸和POS机签购单的安装

1. 打印纸的安装

打开打印机的顶盖，放入打印纸，转动转轴使打印纸纸头露出，以备打印使用。

2. 签购单的安装

按照 POS 机签购单安装指示标记，确认签购单的安装方向无误后，将签购单稳妥放进纸托，并检查签购单的前沿是否和 POS 打印机的锯齿形边沿契合、签购单可否正常打印。

第 3 节　现金收银

培训目标

→ 1. 熟悉点钞机的操作

→ 2. 掌握清点现钞、鉴别现钞真伪的要领

→ 3. 掌握找零的技巧

一、清点现钞的技巧

1. 基本要求

（1）坐姿要端正。正确的坐姿应该是：两脚平踏地面，直腰挺胸，全身肌肉自然放松，双手配合协作，活动自如。

（2）操作定型，用品定位。点钞时用的算盘、印泥、图章、海绵盒、点钞机、捆钱条等要按使用顺序固定位置放好，以便点钞时使用顺手。例如，将未清点的款项放在左侧，将海绵盒放在中间，捆钱条放在右侧上部，整点完的款项放在右侧，这样摆放紧凑、方位得当、距离适宜，便于操作。

（3）点数要正确。点钞技术的关键是一个“准”字。清点和记数准确是点钞的基本要求。点数不准确不仅影响日常工作的质量，而且会造成损失。要做到点数准确，应在点数前做好思想准备、款项准备和工具准备。在点数时：一要精神要集中；二要坚持定型操作，坚持复核；三要双手点钞，眼睛看钞，脑子记数，手、眼、脑紧密配合。

2. 操作要领

（1）肌肉要放松。点钞时，两手各部位的肌肉要放松，这样能够使双手活动自如，动作协调，并减轻劳动强度。否则，手指僵硬，动作不准确，既影响点钞速度，又消耗体力。正确的点钞姿势是：肌肉放松，双肘自然放在桌面上，持票的左手手腕接触桌面，右手腕稍抬起。

（2）钞券要墩齐。需清点的钞券必须清理整齐、平直。这是准确点钞的前提，钞券不齐不易点准。对折角、弯折、揉搓过的钞券要将其弄直、抹平，明显破裂、质软的票子要先挑出来。清理好后，将钞券在桌面上墩齐。

（3）开扇要均匀。钞券清点前，要将票面打开成微扇形和小扇开，使钞券有一个坡度，便于捻动。开扇均匀是指每张钞券的间隔距离必须一致，使之在捻钞过程中不易夹张。因此，扇面开得是否均匀，决定着点钞是否准确。

（4）手指触面要小。手工点钞时，捻钞的手指与钞券的接触面要小。如果手指接触面大，手指往返动作的幅度随之增大，从而减慢手指点钞频率，影响点钞速度。

（5）动作要连贯。点钞时各个动作之间相互连贯是加快点钞速度的必要条件之一。动作连贯包括两方面的要求：一是点钞过程的各个环节必须紧张协调，环环扣紧。如点完 100 张墩齐钞券后，左手持票，右手取腰条纸，同时左手的钞券跟上去，迅速扎好小把；在右手放票的同时，左手取另一把钞券准备清点，而右手顺手蘸水清点等，这样使扎把和持票及清点各环节紧密地衔接起来。二是清点时的各个动作要连贯，即要尽量缩短第一组动作和第二组动作之间的间隔时间。如用手持式四指拨动点钞法清点时，当第一组的食指捻下第四张钞券时，第二组动作的小指要迅速跟上，这就要求在点钞时双手动作要协调，清点频率要均匀，切忌忽快忽慢、忽多忽少。另外，在点钞中应尽量减少不必要的小动作、假动作，以免影响动作的连贯性和点钞速度。

二、点钞机的操作

1. 开机检查

打开电源，检查机器。

2. 整理待清点钞票

将待清点钞票放在桌面右侧，按面额大小顺序排列，并根据清点的票面大小调整好滑钞板。

3. 持钞

右手拇指、食指在钞票内侧，中指、无名指和小指在钞票外侧捏住钞票。

4. 清点

清点时，将钞票轻轻放入滑钞板，使其自然下滑，注意检查是否夹有杂券、破损券、假钞或其他异物，一旦发现，应立即剔出。钞票全部下滑到接钞板后，看清显示数字。如果金额无误，将钞票取出、蹾齐。在清点过程中要根据票面大小，随时调整接钞板的大小，以适应大小不同的钞票。

三、鉴别现钞真伪

1. 人民币防伪特征

（1）1999 年版第五套人民币 100 元纸币的防伪特征，如图 1—19 所示。

A. 固定人像水印。位于票面正面左侧空白处，迎光透视，可见与主景人像相同、立体感很强的毛泽东头像水印。

B. 红、蓝彩色纤维。在票面上可看到纸张中有红色和蓝色纤维。

C. 磁性缩微文字安全线。钞票纸中的安全线，迎光透视，可见“RMB100”微小文字，仪器检测有磁性。

D. 手工雕刻头像。票面正面主景毛泽东头像，采用手工雕刻凹版印刷工艺，形象逼真、传神，凹凸感强，易于识别。

E. 隐形面额数字。票面正面右上方有一椭圆形图案，将钞票置于与眼睛接近平行的位置，面对光源作水平旋转 45°或 90°角，即可看到面额“100”字样。

F. 胶印缩微文字。票面正面上方椭圆形图案中，多处印有胶印缩微文字，在放大镜下可看到“RMB”和“RMB100”字样。

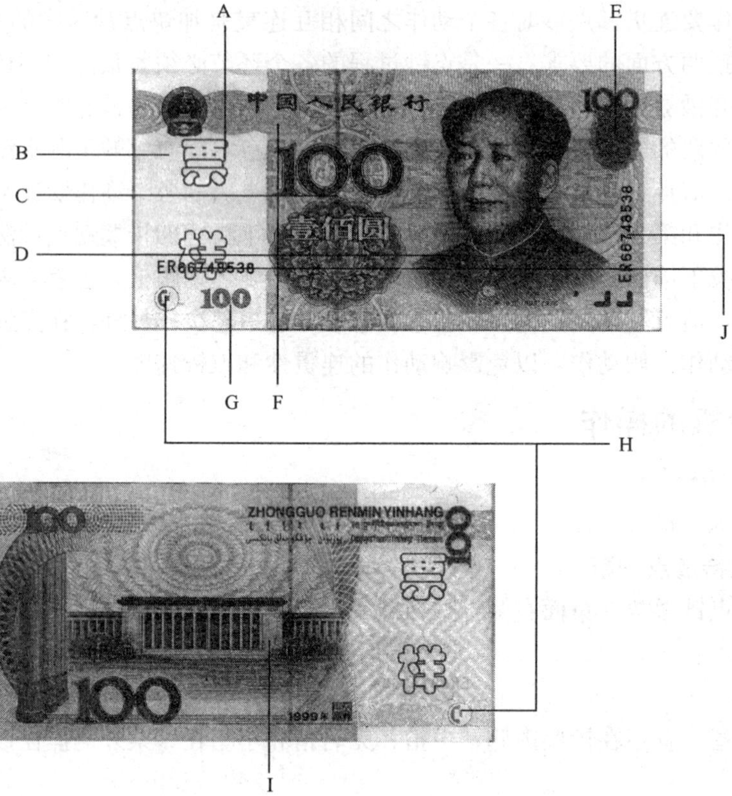

图 1—19　1999 年版第五套人民币 100 元纸币的防伪特征

G. 光变油墨面额数字。票面正面左下角“100”字样，与票面垂直角度观察为绿色，倾斜一定角度则变为蓝色。

H. 阴阳互补对印图案。票面正面左下方和背面右下方均有一圆形局部图案，迎光观察，正背图案重合并组成一个完整的古钱币图案。

I. 雕刻凹版印刷。票面正面主景毛泽东头像、中国人民银行行名、盲文及背面主景人民大会堂等均采用雕刻凹版印刷，用手指触摸有明显凹凸感。

J. 横竖双号码。票面正面采用横竖双号码印刷（均为两位冠字、八位号码）。横号码为黑色，竖号码为蓝色。

（2）1999 年版第五套人民币 50 元纸币的防伪特征，如图 1—20 所示。

A. 固定人像水印。位于正面左侧空白处，迎光透视，可以看到与主景人像相同、立体感很强的毛泽东头像水印。

B. 红、蓝彩色纤维。在票面上，可以看到纸张中有不规则分布的红色和蓝色纤维。

C. 磁性缩微文字安全线。钞票纸中的安全线，迎光透视，可以看到缩微文字“RMB50”字样，仪器检测有磁性。

D. 手工雕刻头像。正面主景毛泽东头像，采用手工雕刻凹版印刷工艺，形象逼真、传神，凹凸感强，易于识别。

E. 隐形面额数字。正面右上方有一装饰图案，将钞票置于与眼睛接近平行的位置，

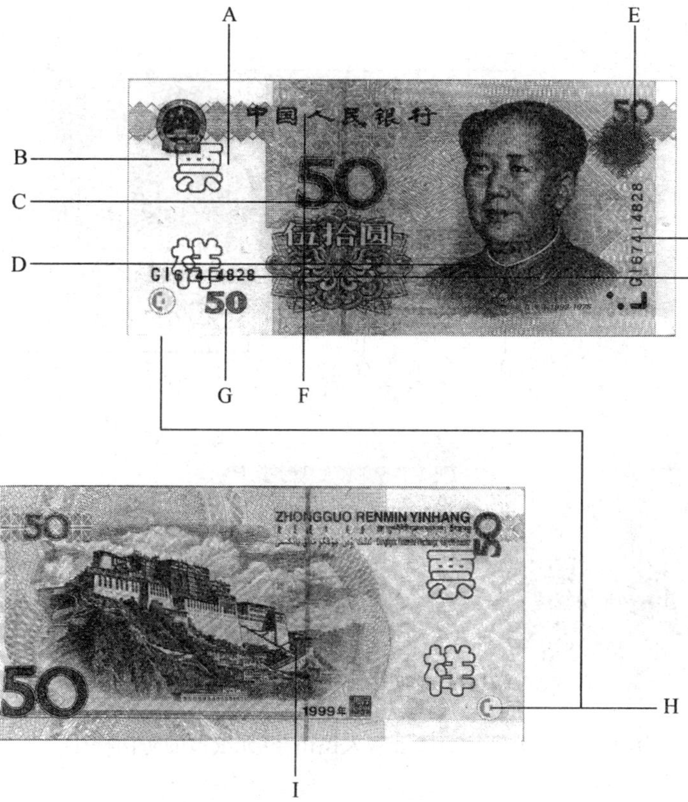

图 1—20　1999 年版第五套人民币 50 元纸币的防伪特征

面对光源作平面旋转 45°或 90°角，可以看到面额数字“50”字样。

F. 胶印缩微文字。正面上方胶印图案中，多处印有缩微文字“50”“RMB50”字样。

G. 光变油墨面额数字。正面左下方“50”字样，与票面垂直角度观察为金色，倾斜一定角度则变为绿色。

H. 阴阳互补对印图案。正面左下角和背面右下角均有一圆形局部图案，迎光透视，可以看到正背面图案合并组成一个完整的古钱币图案。

I. 雕刻凹版印刷。正面主景毛泽东头像、“中国人民银行”行名、面额数字、盲文面额标记和背面主景“布达拉宫”图案等均采用雕刻凹版印刷，用手指触摸有明显凹凸感。

J. 横竖双号码。正面采用横竖双号码印刷，竖号码为红色，横号码为黑色。

（3）1999 年版第五版人民币 20 元纸币的防伪特征，如图 1—21 所示。

A. 固定花卉水印。位于正面左侧空白处，迎光透视，可以看到立体感很强的荷花水印。

B. 红、蓝彩色纤维。在票面上，可以看到纸张中有不规则分布的红色和蓝色纤维。

C. 安全线。迎光透视，钞票纸中有一条明暗相间的安全线。

D. 手工雕刻头像。正面主景毛泽东头像，采用手工雕刻凹版印刷工艺，形象逼真、

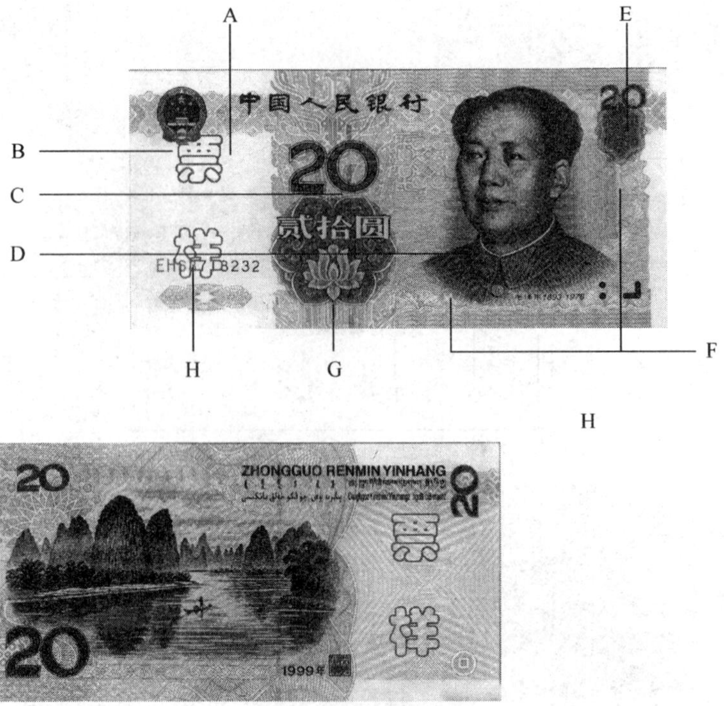

图 1—21　1999 年版第五版人民币 20 元纸币的防伪特征

传神，凹凸感强，易于识别。

E. 隐形面额数字。正面右上方有一装饰图案，将钞票置于与眼睛接近平行的位置，面对光源作平面旋转 45°或 90°角，可以看到面额数字“20”字样。

F. 胶印缩微文字。正面上方胶印图案中，多处印有缩微文字“RMB20”字样。

G. 雕刻凹版印刷。正面主景毛泽东头像、“中国人民银行”行名、面额数字、盲文面额标记和背面主景“桂林山水”图案等均采用雕刻凹版印刷，用手指触摸有明显凹凸感。

H. 双色横号码。正面采用双色双号码（两位冠字、八位号码）印刷，号码在左半部为红色，右半部分为黑色。

（4）1999 年版第五套人民币 10 元纸币的防伪特征，如图 1—22 所示。

A. 固定花卉水印。位于正面左侧空白处，迎光透视，可以看到立体感很强的月季花水印。

B. 白水印。位于双色横号码下方，迎光透视，可以看到透光性很强的图案“10”水印。

C. 红、蓝彩色纤维。在票面上，可以看到纸张中有不规则分布的红色和蓝色纤维。

D. 全息磁性开窗安全线。正面中间偏左，有一条开窗安全线，开窗部分可以看到由缩微字符“￥10”组成的全息图案，仪器检测有磁性（开窗安全线是指局部埋入纸张中，局部裸露在纸面上的一种安全线）。

E. 手工雕刻头像。正面主景毛泽东头像，采用手工雕刻凹版印刷工艺，形象逼真、

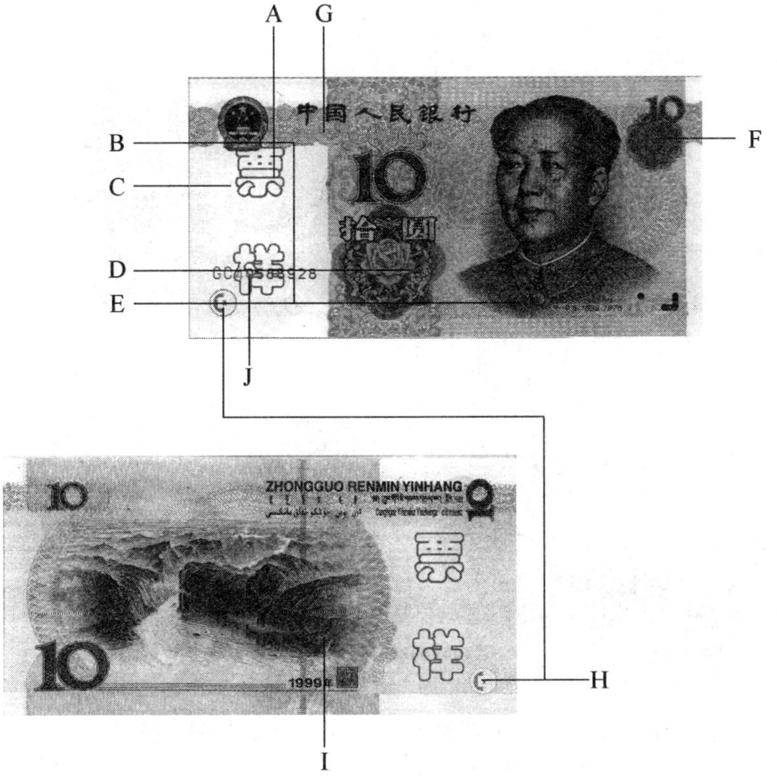

图 1—22　1999 年版第五套人民币 10 元纸币的防伪特征

传神，凹凸感强，易于识别。

F. 隐形面额数字。正面右上方有一装饰图案，将钞票置于与眼睛接近平行的位置，面对光源作平面旋转 45°或 90°角，可以看到面额数字“10”字样。

G. 胶印缩微文字。正面上方胶印图案中，多处印有缩微文字“RMB10”字样。

H. 阴阳互补对印图案。正面左下角和背面右下角均有一圆形局部图案，迎光透视，可以看到正背面图案合并组成一个完整的古钱币图案。

I. 雕刻凹版印刷。正面主景毛泽东头像、“中国人民银行”行名、面额数字、盲文面额标记和背面主景“长江三峡”图案等均采用雕刻凹版印刷，用手指触摸有明显凹凸感。

J. 双色横号码。正面印有双色横号码，左侧部分为红色，右侧部分为黑色。

（5）1999 年版第五套人民币 5 元纸币的防伪特征，如图 1—23 所示。

A. 固定花卉水印。位于正面左侧空白处，迎光透视，可以看到立体感很强的水仙花水印。

B. 白水印。位于双色横号码下方，迎光透视，可以看到透光性很强的图案“5”水印。

C. 红、蓝彩色纤维。在票面上，可以看到纸张中有不规则分布的红色和蓝色纤维。

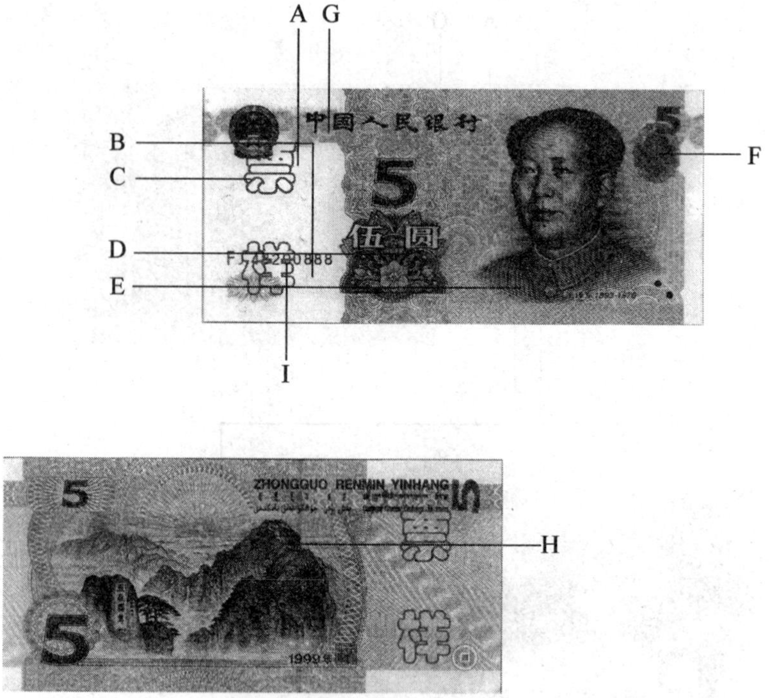

图 1—23　1999 年版第五套人民币 5 元纸币的防伪特征

单元 1

D. 全息磁性开窗安全线。正面中间偏左，有一条开窗安全线，开窗部分可以看到由缩微字符“￥10”组成的全息图案，仪器检测有磁性。

E. 手工雕刻头像。正面主景毛泽东头像，采用手工雕刻凹版印刷工艺，形象逼真、传神，凹凸感强，易于识别。

F. 隐形面额数字。正面右上方有一装饰图案，将钞票置于与眼睛接近平行的位置，面对光源作平面旋转 45°或 90°角，可以看到面额数字“5”字样。

G. 胶印缩微文字。正面上方胶印图案中，多处印有缩微文字“RMB5”字样。

H. 雕刻凹版印刷。正面主景毛泽东头像、“中国人民银行”行名、面额数字、盲文面额标记和背面主景“泰山”图案等均采用雕刻凹版印刷，用手指触摸有明显凹凸感。

I. 双色横号码。正面印有双色横号码，左侧部分为红色，右侧部分为黑色。

（6）1999 年版第五套人民币 1 元纸币的防伪特征，如图 1—24 所示。

A. 固定花卉水印。位于正面左侧空白处，迎光透视，可以看到立体感很强的兰花水印。

B. 手工雕刻头像。正面主景毛泽东头像，采用手工雕刻凹版印刷工艺，形象逼真、传神，凹凸感强，易于识别。

C. 隐形面额数字。正面右上方有一装饰图案，将票面置于与眼睛接近平行的位置，面对光源作上下倾斜晃动，可看到面额数字“1”字样。

D. 胶印缩微文字。背面下方胶印图案中，印有缩微文字“人民币”和“RMB1”

图 1—24　1999 年版第五套人民币 1 元纸币的防伪特征

字样。

E. 雕刻凹版印刷。正面主景毛泽东头像、“中国人民银行”行名、面额数字、盲文面额标记等均采用雕刻凹版印刷，用手指触摸有明显凹凸感。

F. 双色横号码。正面印有双色横号码，左侧部分为红色。

（7）2005 年版第五套人民币 100 元纸币的防伪特征，如图 1—25 所示。

1）第五套人民币 100 元纸币的 2005 年版与 1999 年版的相同点。2005 年版第五套人民币 100 元纸币规格、主景图案、主色调、“中国人民银行”行名和汉语拼音行名、面额数字、花卉图案、国徽、盲文面额标记、民族文字等票面特征，固定人像水印、手工雕刻头像、胶印微缩文字、雕刻凹版印刷等防伪特征，均与现行流通的 1999 年版的第五套人民币 100 元纸币相同。

2）第五套人民币 100 元纸币 2005 年版与 1999 年版的区别。

调整防伪特征布局：正面左下角胶印对印图案调整到正面主景图案左侧中间处，光变油墨面额数字左移至原胶印对印图案处。背面右下角胶印对印图案调整到背面主景图案右侧中间处。

调整以下防伪特征：①隐形面额数字：调整隐形面额数字观察角度。正面右上方有一装饰性图案，将票面置于与眼睛接近平行的位置，面对光源作上下倾斜晃动，可以看到面额数字“100”字样。②全息磁性开窗安全线：将原磁性微缩文字安全线改为全息磁性开窗安全线，置于背面中间偏右处，开窗部分可以看到由微缩字符“￥100”组成的全息图案，仪器检测有磁性。③双色异形横号码：将原横竖双号码改为双色异形横号码。正面左下角印有双色异形横号码，左侧部分为暗红色，右侧部分为黑色。字符由中间向左右两边逐渐变小。④取消纸张中的红蓝彩色纤维。

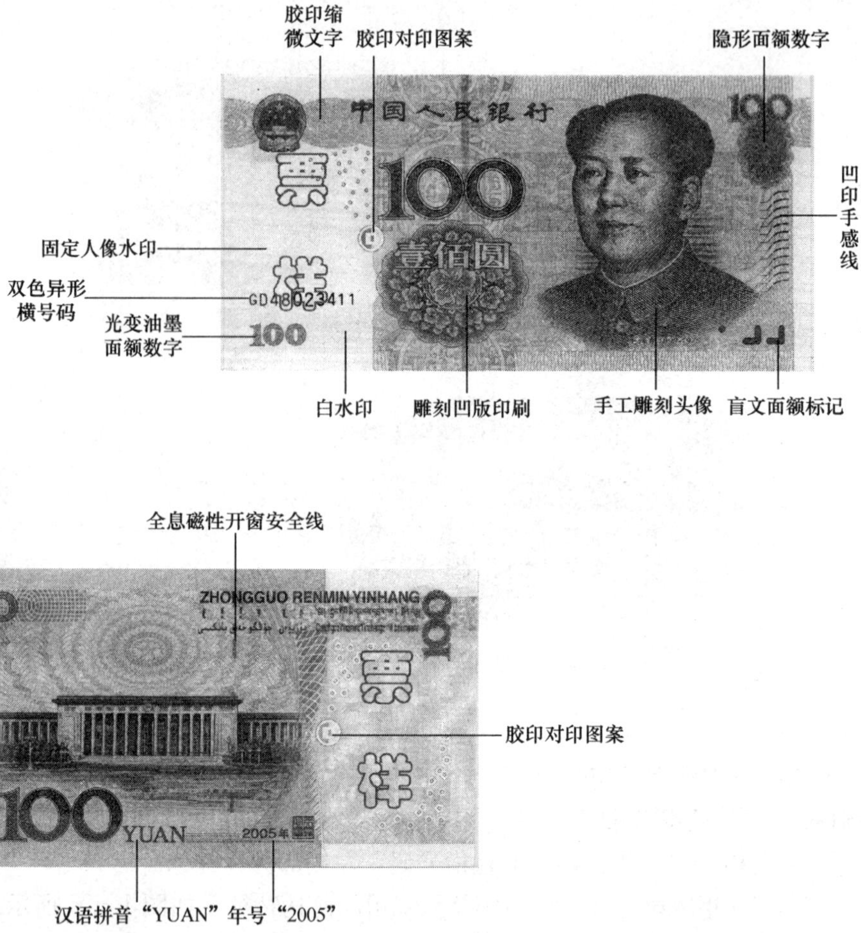

图 1—25　2005 年版第五套人民币 100 元纸币的防伪特征

增加以下防伪特征：①白水印：位于正面双色异形横号码下方，迎光透视，可以看到透光性很强的水印“100”字样。②凹印手感线：正面主景图案右侧，有一组自上而下规则排列的线纹，采用雕刻凹版印刷工艺印制，用手指触摸，有极强的凹凸感。③背面主景图案下方的面额数字后面，增加人民币单位“元”的汉语拼音“YUAN”；年号改为“2005 年”。

（8）2005 年版第五套人民币 50 元纸币的防伪特征，如图 1—26 所示。

1）第五套人民币 50 元纸币的 2005 年版与 1999 年版的相同点。2005 年版第五套人民币 50 元纸币规格、主景图案、主色调、“中国人民银行”行名和汉语拼音行名、面额数字、花卉图案、国徽、盲文面额标记、民族文字等票面特征，固定人像水印、手工雕刻头像、胶印微缩文字、雕刻凹版印刷等防伪特征，均与现行流通的 1999 年版的第五套人民币 50 元纸币相同。

2）第五套人民币 50 元纸币的 2005 年版与 1999 年版的区别。

调整防伪特征布局：正面左下角胶印对印图案调整到正面主景图案左侧中间处，光变油墨面额数字左移至原胶印对印图案处。背面右下角胶印对印图案调整到背面主景图

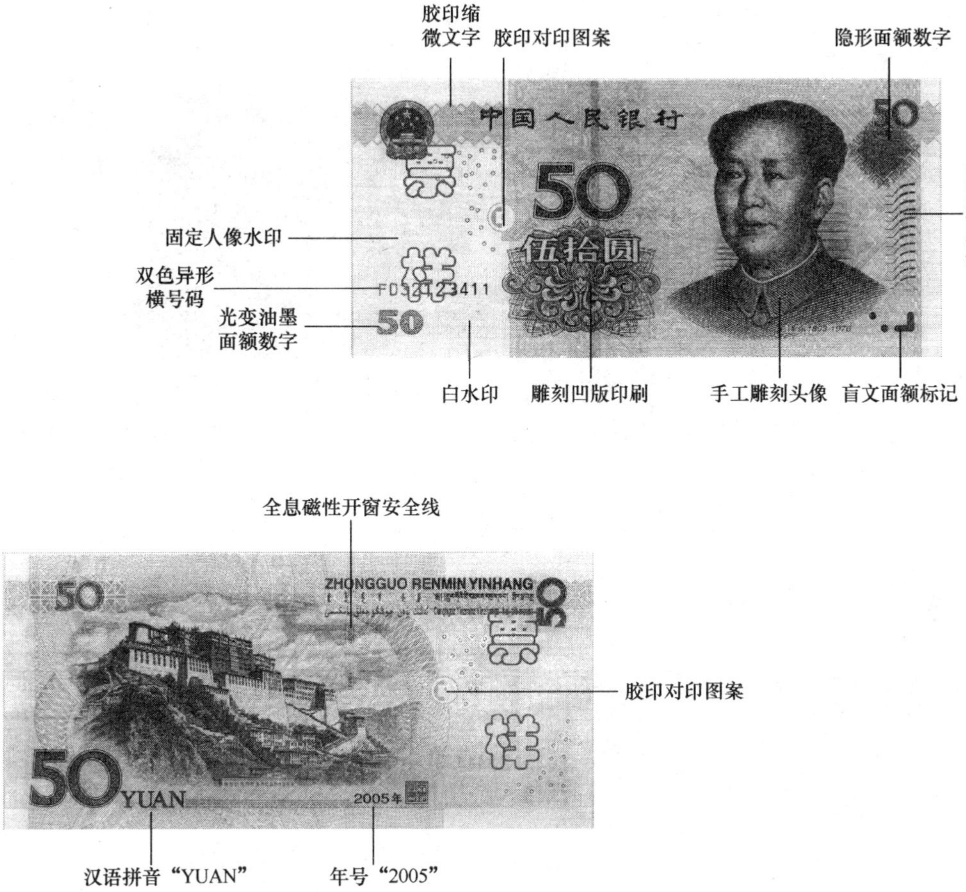

图 1—26　2005 年版第五套人民币 50 元纸币的防伪特征

案右侧中间处。

调整以下防伪特征：①隐形面额数字：调整隐形面额数字观察角度。正面右上方有一装饰性图案，将票面置于与眼睛接近平行的位置，面对光源作上下倾斜晃动，可以看到面额数字“50”字样。②全息磁性开窗安全线：将原磁性微缩文字安全线调整为全息磁性开窗安全线。背面中间偏右，有一条开窗安全线，开窗部分可以看到由微缩字符“￥50”组成的全息图案，仪器检测有磁性。③双色异形横号码：取消原横竖双号码中的竖号码，将横号码改为双色异形横号码。正面左下角印有双色异形横号码，左侧部分为暗红色，右侧部分为黑色。字符由中间向左右两边逐渐变小。④取消纸张中的红蓝彩色纤维。

增加以下防伪特征：①白水印：位于正面双色异形横号码下方，迎光透视，可以看到透光性很强的水印“50”字样。②凹印手感线：正面主景图案右侧，有一组自上而下规则排列的线纹，采用雕刻凹版印刷工艺印制，用手指触摸，有极强的凹凸感。③背面主景图案下方的面额数字后面，增加人民币单位“元”的汉语拼音“YUAN”；年号改为“2005 年”。

(9) 2005 年版第五套人民币 20 元纸币的防伪特征，如图 1—27 所示。

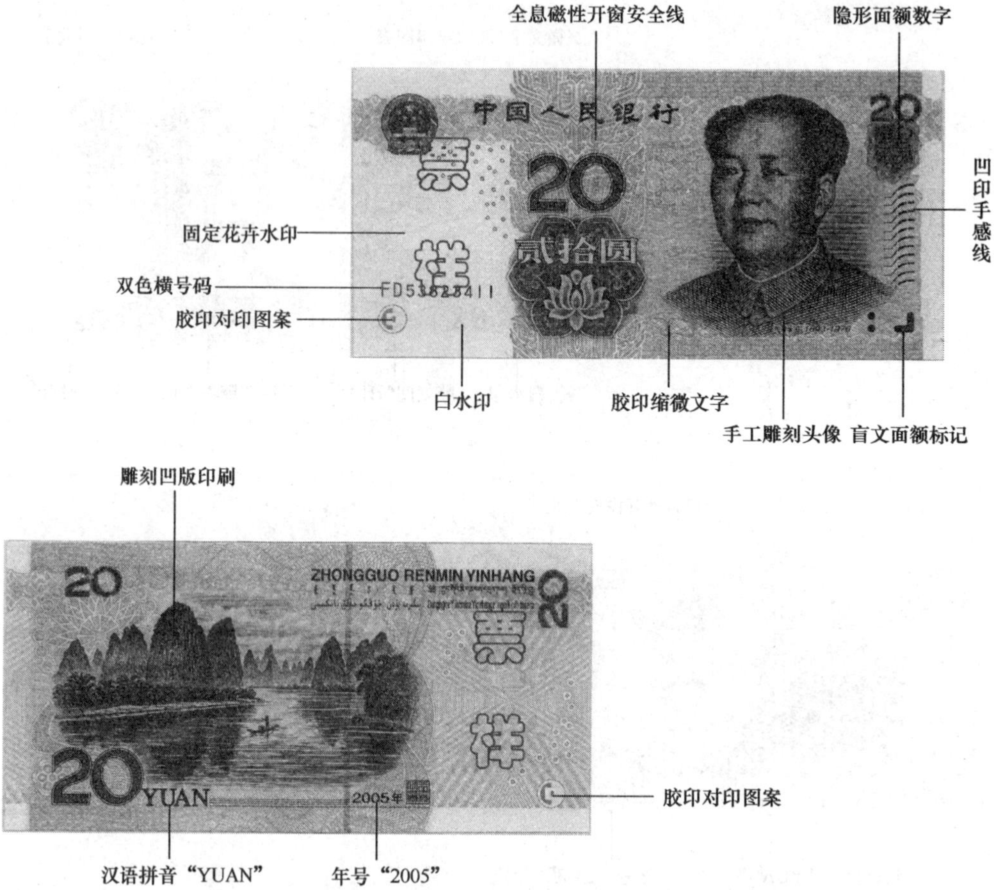

图 1—27　2005 年版第五套人民币 20 元纸币的防伪特征

1）第五套人民币 20 元纸币的 2005 年版与 1999 年版的相同点。2005 年版第五套人民币 20 元纸币规格、主景图案、主色调、“中国人民银行”行名和汉语拼音行名、面额数字、花卉图案、国徽、盲文面额标记、民族文字等票面特征，固定花卉水印、手工雕刻头像、胶印微缩文字、双色横号码等防伪特征，均与现行流通的 1999 年版的第五套人民币 20 元纸币相同。

2）第五套人民币 20 元纸币的 2005 年版与 1999 年版的区别。

调整以下防伪特征：①雕刻凹版印刷：背面主景图案桂林山水、面额数字、汉语拼音行名、民族文字、年号、行长章等均采用雕刻凹版印刷，用手指触摸，有明显凹凸感。②隐形面额数字：调整隐形面额数字观察角度。正面右上方有一装饰性图案，将票面置于与眼睛接近平行的位置，面对光源作上下倾斜晃动，可以看到面额数字“20”字样。③全息磁性开窗安全线：将原安全线改为全息磁性开窗安全线。正面中间偏左，有一条开窗安全线，开窗部分可以看到由微缩字符“￥20”组成的全息图案，仪器检测有磁性。④取消纸张中的红蓝彩色纤维。

增加以下防伪特征：①白水印：位于正面双色横号码下方，迎光透视，可以看到透光性很强的水印“20”字样。②胶印对印图案：正面左下角和背面右下角均有一圆形局部图案，迎光透视，可以看到正背面的局部图案合并为一个完整的古钱币图案。③凹印手感线：正面主景图案右侧，有一组自上而下规则排列的线纹，采用雕刻凹版印刷工艺印制，用手指触摸，有极强的凹凸感。④取消正面原双色横号码下方的装饰性图案；背面主景图案下方的面额数字后面，增加人民币单位“元”的汉语拼音“YUAN”；年号改为“2005 年”。

（10）2005 年版第五套人民币 10 元纸币的防伪特征，如图 1—28 所示。

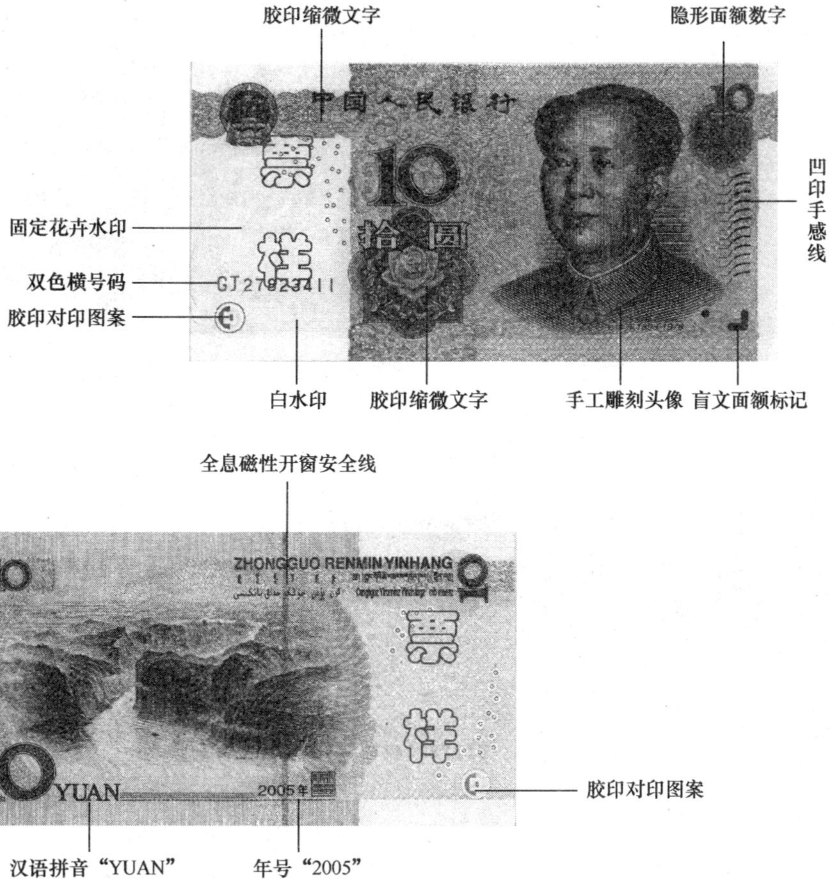

图 1—28　2005 年版第五套人民币 10 元纸币的防伪特征

1）第五套人民币 10 元纸币的 2005 年版与 1999 年版的相同点。2005 年版第五套人民币 10 元纸币规格、主景图案、主色调、“中国人民银行”行名和汉语拼音行名、面额数字、花卉图案、国徽、盲文面额标记、民族文字等票面特征，固定花卉水印、白水印、全息磁性开窗安全线、手工雕刻头像、胶印微缩文字、胶印对印图案、雕刻凹版印刷、双色横号码等防伪特征，均与现行流通的 1999 年版的第五套人民币 10 元纸币相同。

2）第五套人民币 10 元纸币的 2005 年版与 1999 年版的区别。

调整隐形面额数字观察角度。正面右上方有一装饰性图案，将票面置于与眼睛接近平行的位置，面对光源作上下倾斜晃动，可以看到面额数字“10”字样。

增加凹印手感线。正面主景图案右侧，有一组自上而下规则排列的线纹，采用雕刻凹版印刷工艺印制，用手指触摸，有极强的凹凸感。

取消纸张中的红蓝彩色纤维。

背面主景图案下方的面额数字后面，增加人民币单位“元”的汉语拼音“YUAN”；年号改为“2005 年”。

（11）2005 年版第五套人民币 5 元纸币的防伪特征，如图 1—29 所示。

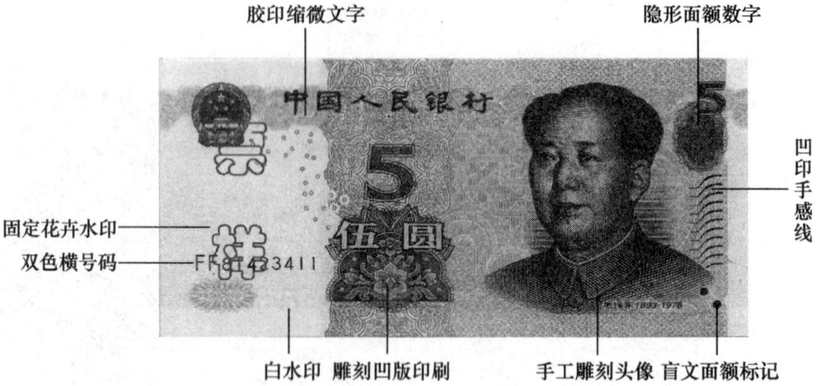

图 1—29　2005 年版第五套人民币 5 元纸币的防伪特征

1）第五套人民币 5 元纸币的 2005 年版与 1999 年版的相同点。2005 年版第五套人民币 5 元纸币规格、主景图案、主色调、“中国人民银行”行名和汉语拼音行名、面额数字、花卉图案、国徽、盲文面额标记、民族文字等票面特征，固定花卉水印、白水印、全息磁性开窗安全线、手工雕刻头像、胶印微缩文字、雕刻凹版印刷、双色横号码等防伪特征，均与现行流通的 1999 年版的第五套人民币 5 元纸币相同。

2）第五套人民币 5 元纸币的 2005 年版与 1999 年版的区别。

调整隐形面额数字观察角度。正面右上方有一装饰性图案，将票面置于与眼睛接近平行的位置，面对光源作上下倾斜晃动，可以看到面额数字“5”字样。

增加凹印手感线。正面主景图案右侧，有一组自上而下规则排列的线纹，采用雕刻凹版印刷工艺印制，用手指触摸，有极强的凹凸感。

取消纸张中的红蓝彩色纤维。

背面主景图案下方的面额数字后面，增加人民币单位“元”的汉语拼音“YUAN”；年号改为“2005 年”。

（12）第五套人民币 1 元硬币主要特征。硬币 1 元色泽为镍白色，直径为 25 毫米，正面为“中国人民银行”“1 元”和汉语拼音字母“YIYUAN”及年号。背面为菊花图案及中国人民银行的汉语拼音字母“ZHONGGUO RENMIN YINHANG”。材质为钢芯镀镍。币外缘为圆柱面，并印有“RMB”字符标记。

（13）第五套人民币 5 角硬币主要特征。该硬币色泽为金黄色，直径 20.5 毫米。正面为“中国人民银行”字样、面额和汉语拼音字母“WUJIAO”及年号。背面为荷花图案及中国人民银行的汉语拼音字母“ZHONGGUO RENMIN YINHANG”。材质为钢芯镀铜合金。币外缘为圆柱面，为间断丝齿，共有 6 个丝齿段，每个丝齿段有 8 个齿距相等的丝齿。

第五套人民币 5 角硬币的材质首次采用钢芯镀铜合金，具有色泽光亮、不易锈蚀等特性。

（14）第五套人民币 1 角硬币主要特征

1）1999 年版第五套人民币 1 角硬币。1 角硬币色泽为铝白色，直径为 19 毫米，正面为“中国人民银行”“1 角”和汉语拼音字母“YIJIAO”及年号。背面为兰花图案及中国人民银行的汉语拼音字母“ZHONGGUO RENMIN YINHANG”。材质为铝合金，币外缘为圆柱面。

2）2005 年版第五套人民币 1 角硬币。第五套人民币 1 角硬币材质由铝合金改为不锈钢，色泽为钢白色。其正背面图案、规格、外形与现行流通的第五套人民币 1 角硬币相同，即正面为“中国人民银行”“1 角”和汉语拼音字母“YIJIAO”及年号，背面为兰花图案及中国人民银行的汉语拼音字母“ZHONGGUO RENMIN YINHANG”，直径为 19 毫米。

2. 识别假币

在我国发现的假币中，大多以 50 元、100 元的大额票币为主，但随着人们警惕性的提高，又出现了 5 元、10 元的小面额假币。2008 年年底，一些编号开头 HD90、面值 100 元、难以识别的假钞流入市场，一些质量较差的验钞机被纷纷“蒙骗”。所以，收银员在收付时一定要谨慎小心，认真鉴别。

（1）伪造假币的特征

1）假币的水印大部分是在纸张夹层中涂白浆料，层次感较差，图像模糊；有的则是在纸张表面描绘出水印图案，冒充水印。

2）假币纸张在紫外线光源下，多数有强烈的荧光反应。

3）假币正背面均采用全胶印（四色网点）方式印刷，大多墨色深浅不一，有的版面颜色偏深、有的偏淡；有的版面偏向一种颜色，而且凹印图文平滑、无浮雕感。

4）制作假币的纸张大多是普通纸张，与印钞纸相比，手感比较平滑、绵软，厚薄也不均匀，票面无凹凸感。

5）假币的安全线是在纸张夹层中放置的，纸与线有分离感。有的假币则是在正反两面各印刷一个条状图案，仔细观察便能看出破绽。

（2）变造假币的一般特征。变造假币是在真币的基础上，经过人为加工变形而成的，多采用挖补、剪贴、拼凑、制皮、揭面或涂改等手段，人为痕迹比较明显，比伪造假币易于辨认。例如，拼凑币是经人为分割破坏后再进行拼凑，以少拼多，达到多换的目的。揭面币是经过人为地揭去一面后，用其他纸张进行粘贴，从而达到以少换多的目的。

（3）硬币假币的主要特征。现在还有些不法分子制作硬币假币，形式多种多样，收银员应注意识别。不论制假者手段如何高超，金属假币都具有以下几个共同特征。

1）金属假币工艺粗糙，成色不足，颜色不一。因为合金配置比例不当，所以黄铜币发白或发亮，白铜币显黄。

2）金属假币正、背面图案花纹模糊，没有层次感和立体感，显得呆板。在放大镜下，图案花纹笔道有明显的粒状结构，光泽和亮度均不及真币；字体略粗，笔画不规范；棱角及国徽、天安门的图案不清楚。

3）假币与真币的重量相差较大。

3. 仪器检验

仪器鉴别方法是运用仪器来鉴别伪造人民币的方法，目前鉴别伪造币的仪器可分为普及型和专用型两种。专用型鉴别仪器价格昂贵，操作复杂，是专门机构用来分析伪造人民币制伪手段的专用设备，以下介绍几种普及型鉴别仪。

（1）放大6～10倍的放大镜。通过放大镜工具从钞票特征上仔细核对，如透过光线观察水印质量，包括位置、尺寸、大小、深浅层次、人物表情等是否与真钞相同，通过对比得出结论。

（2）单功能紫外光鉴别仪。利用波长为3 650埃的紫外光照射，激发荧光物质发光，以发光或不发光的区别来鉴别真假。如1990版的50元、100元券，普通纸在制造过程中加入荧光增白剂，在紫光灯下呈强烈的白色反光，而真钞无此反应。在紫光灯下检查钞票上的荧光油墨会有不同的反应，如可见荧光油墨在紫光灯下显示荧光反射，而不可见荧光油墨印刷的暗记符号只有在紫光灯下才能被肉眼看到。

（3）磁感应鉴别仪。主要用于检测钞票特定部分有无磁感应，真币有，假币无。

（4）透射光鉴别仪。主要用于检测钞票水印的真伪，一般为多功能鉴别仪的一项功能。真币水印清晰，有立体感；而伪币水印模糊，立体感差。

（5）多功能鉴别仪。一般有三种功能。其功能即为上述四种的不同形式的组合。

以上各种仪器操作均比较简便易学，易掌握。如果运用得当，是比较有效的人民币防伪反假工具。

4. 假币的处理

根据我国现有法律规定，制作、印刷、运送、贩卖和故意使用伪币者属于刑事犯罪行为。中国人民银行及所授权银行收到伪造货币时，应根据国家有关规定予以没收，并在票面上加盖刻有“假币”字样的印章，同时开具没收证明书。

一般经营机构虽无权对货币的合法性作出裁决，但收银员对可疑货币有权采取建议调换的方式变相拒收。鉴于广大人民群众缺乏对货币进行科学检验的能力，也可能出现接收可疑货币后继续使用的行为。因此，收银员不能简单地将所有持有可疑货币者皆视为犯罪分子，如果在收银时发现可疑货币的数量较多，则应立即通知公安部门前来解决。

中国人民银行对发现假人民币后该如何处理作了具体规定，可归纳为以下几点。

（1）人民币真伪的最终确认机构是银行，同时各单位也有协助银行发现假币、收缴假币的义务。

（2）收银员在收付现金时发现假币，应立即送交附近的银行进行鉴别。

（3）收款部门没收假币必须向消费者出示凭证，写明该假币的面值、号码、准备将假币上缴的银行机构名称等，收据上应有收币单位的公章或收币人签字，这样消费者可以在几天之后持收据去有关银行机构查询。由于银行对所有收缴上来的假币均有登记，因此，对于没收的假币收款部门是否已收缴、收缴币真假都会得到准确的答复。如果经检验确系误收，银行会返还给消费者。这样，既可以最大限度地保护消费者利益，也避免了假币再次进入流通领域。

四、找零

1. 找零的含义

找零是指收银员为顾客提供收银服务时找付零钱的操作过程。找零是收银过程中的一个重要环节。

2. 找零的原则

（1）必须原则。必须进行找零，不能以零钱不足等理由拒绝顾客付款或拒绝找零。

（2）正确原则。找付的零钱数目必须正确，要求按 POS 机主显示器上显示的计算余额找零并且正确清点现金，不得用小糖果等代替零钱。

（3）唱找原则。给顾客找零时，必须清晰地说出“找您××元”。

（4）手递原则。零钱必须亲自递到顾客手中，不得放在购物袋中或收银台上。

3. 找零的基本操作

（1）找零的基本操作步骤如图 1—30 所示。

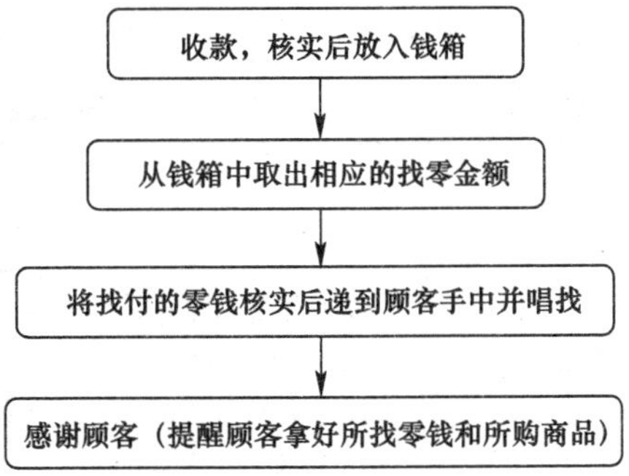

图 1—30　找零的基本操作步骤

（2）找零的操作要点与技巧

1）收银员必须熟悉 POS 机电子钱箱的布局。

2）收银前，收银员须将各种面值的纸币和硬币按照一定的规律或顺序整齐地摆放在钱箱中，并熟知每种面值的纸币和硬币在钱箱中的位置，如图 1—31 所示。各种面值的纸币和硬币不得混放、乱放。

3）当 100 元较多时，可按一定的数量捆扎好（如 1 000 元一扎），放入收银台抽屉中（或保险柜等其他指定位置）。

4）收银员接过顾客所付现金，经核实后打开钱箱，迅速放入钱箱指定位置。具体操作是：左手打开票夹，右手将钱放入纸币盒，左手迅速合上票夹。如此操作可有效提高收银速度。

图 1—31　钱箱

5）收银员须按 POS 机主显示器上显示的计算余额找零。

6）收银员在找零时须按一定的顺序。可先找整数，后找尾数；也可先找尾数，后找整数。如应找顾客 15.40 元，那么找零的顺序应该是 10 元、5 元、4 角，或者是 4 角、5 元、10 元。

7）收银员在取零钞时，应按最大面值的现金进行组合，以节约零钞。如找 85.60 元，零钱的组合应为 1 张 50 元、1 张 20 元、1 张 10 元、1 张 5 元、1 张（个）5 角和 1 张（个）1 角（由钱箱中零钞的种类和数量决定）。

8）从钱箱中取出应找的零钱后应迅速关闭钱箱。

9）将零钱递给顾客前，收银员须自行复核一次，以确保准确无误。

10）收银员复核完毕，将所找零钱递到顾客手中，须当面再次清点一次，同时应唱找。

4. 找零时特殊情况的处理

收银员在找零时常见的特殊情况及其处理措施见表 1—3。

表 1—3　找零时常见的特殊情况及其处理措施

特殊情况	处理措施
无零钱	1. 收银员必须随时保持有足够的零钱 2. 如果零钱不足，必须向收银主管等收银管理层兑换零钱，不能私自向其他收银员暂借或用私人的钱垫付 3. 必须如数找零，不得用小糖果等代替零钱，不得少找或错找 4. 如遇零钱不足无法找零时，应请顾客稍候，兑零后再找
顾客不要零钱	1. 如有顾客不要的少量硬币，必须放在钱箱外面 2. 如遇顾客零钱不够，可用此充数
顾客要求	1. 如顾客对找付的零钱有要求，不能拒绝顾客，应尽量满足其要求 2. 如顾客对找付的零钱不满意，如破旧、较脏等，必须满足顾客要求，给予更换

第 4 节　银行卡收银

培训目标

→ 1. 了解银行卡知识
→ 2. 掌握银行卡的受理知识

一、银行卡概述

1. 银行卡的分类和识别

我国大多数零售企业或服务业所接触的银行卡分为借记卡和信用卡两类。

（1）借记卡

1）借记卡正面的各项内容（见图 1—32）。主要包括：发卡机构名称、发卡机构标志、借记卡类名称、有效截止日期或发卡日期、借记卡的卡号、银行卡品牌标识。

图 1—32　借记卡正面的内容

2）借记卡背面的各项内容（见图 1—33）。主要包括：磁条、持卡人签名条、发卡行重要声明、发卡行网址和客户服务或授权服务电话。

（2）信用卡

1）信用卡正面的各项内容（见图 1—34）。主要包括：发卡机构名称、发卡机构标志、凸印的信用卡卡号及平面印刷的卡号前四位数字、信用卡有效截止日期、持卡人姓名（用汉语拼音或英文表示）、银行卡品牌标识图案、防伪标记。

2）信用卡背面的各项内容（见图 1—35）。主要包括：磁条、持卡人签名栏、发卡行客户服务或授权服务电话。

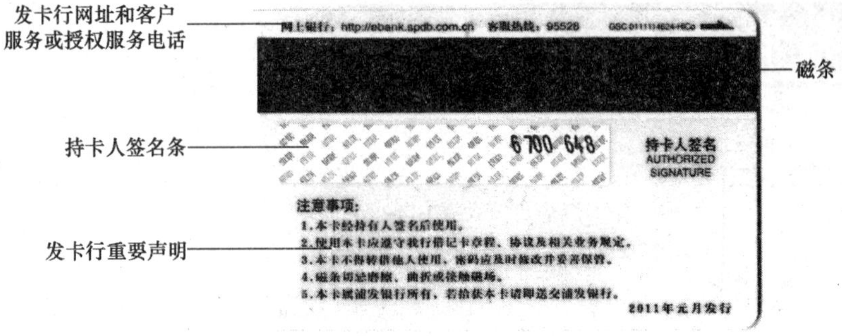

图 1—33　借记卡背面的内容

图 1—34　信用卡正面的内容

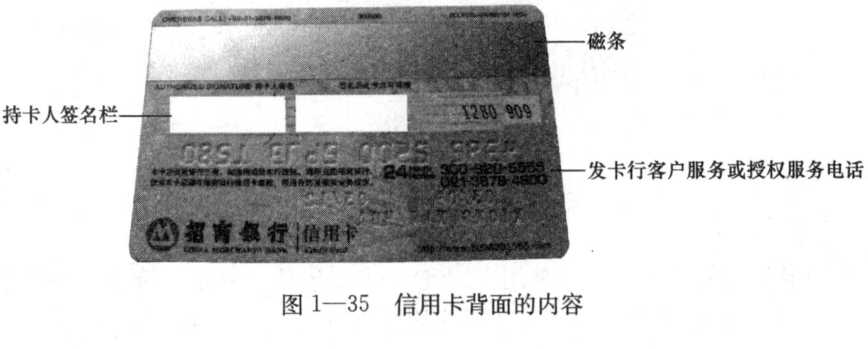

图 1—35　信用卡背面的内容

2. 借记卡与信用卡的区别

（1）物理构成上的区别

1）信用卡正面有信用卡标志（含激光防伪标志），借记卡不一定有。

2）信用卡一定有有效期，借记卡不一定有。

3）信用卡卡号均为凸印的，借记卡卡号有平面印刷的，也有凸印的。卡正面有明确的“借记卡”“储蓄卡”或“提款卡”字样，有“Maestro”“CIRRUS”“VISA Interlink”“VISA Electron”等标志的，应视为借记卡。

(2) 受理环节上的区别

1) 信用卡。具有透支功能；可通过银行卡网络联机使用，也可脱机采用手工压卡的方式使用。消费时有的卡使用密码并核对签名；有的不使用密码，只核对签名。

2) 借记卡。不允许透支；必须通过银行卡网络联机使用，不可采用手工压卡方式。消费时必须使用密码并核对签名。需要说明的是：有一些特殊的借记卡，如一些商户发行的购物卡、专用卡等，在使用时不需要输入密码和签名。

二、银行卡的受理

1. 借记卡的操作流程

借记卡的操作流程有以下几个方面。

(1) 持卡人将借记卡和购物小票交给收银员。

(2) 收银员根据顾客购物金额在 POS 机上刷卡。

(3) 请顾客输入借记卡的密码。

(4) 若密码正确，请顾客在签购单上签名；若密码连续三次输入不正确，请顾客另选结算方式进行结算。

(5) 刷卡操作完成后，收银员要向顾客开具收款凭证、打印计算机小票或销售发票。

(6) 将签购单回单、借记卡和购物小票退还给持卡人。

2. 信用卡的操作流程

(1) 持卡人将本人身份证、信用卡和购物小票同时交给收银员（彩照卡不用提供身份证）。

(2) 收银员一定要检查该信用卡是否已经挂失，如果已经挂失，应立即依法停止使用信用卡结算，请顾客另选结算方式。

(3) 收银员根据顾客购物金额在 POS 机上刷卡。

(4) 收银员请顾客输入信用卡密码并打印签购单。

(5) 收银员确认无误后，将签购单交给持卡人签字，并仔细核对签购单签名字体是否与信用卡背面预留签名相符。

(6) 刷卡操作完成后，收银员要向顾客开具收款凭证、打印计算机小票或销售发票。

(7) 把签购单回单、信用卡、身份证和购物小票退还给持卡人。

3. 银行卡的风险防范

在受理银行卡的交易过程中，收银员刷卡完毕后不得将卡片立即交还给持卡人，应一直持有卡片，待核对完签名才能将卡片交还。严格核对签名是风险防范的重要环节。应注意：签名内容相符、签名使用的字体大致相符。如果发生卡背签名及字体与签购单上签名及字体明显不符、交易签购单上无持卡人签名的情况，发卡行有权对交易进行拒付，相关损失将由商户承担。

第 5 节　金融 POS 机的相关操作

培训目标

- 1. 熟悉 POS 机的签到与签退
- 2. 掌握 POS 机的消费类交易及退货交易操作

一、POS 机的签到与签退

签到是金融 POS 机开机后收银员必须进行的第一项操作，是以联机方式把 POS 机注册信息上传给收单机构主机或者银联中心主机，主机再以交易响应的方式把相关信息回传给金融 POS 机，金融 POS 机完成签到后，才能开始交易。

签退是指收银员为结束当前金融 POS 机工作状态，在金融 POS 机交易结算完成后必须执行的操作。签退后，重新执行签到方可进行新的交易处理，有些金融 POS 机也设置为在完成结算后自动签到。

1. 签到的操作步骤

签到的操作步骤如图 1—36 所示。

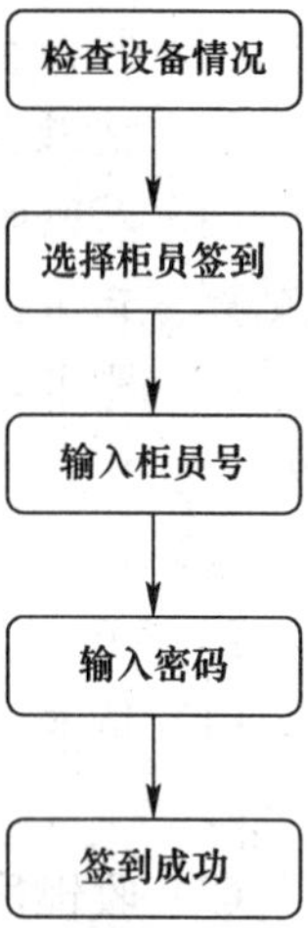

图 1—36　签到的操作步骤

（1）检查金融 POS 机整体情况。收银员检查电源线与电话线的连接情况；检查打印纸的安装和使用情况；检查金融 POS 机是否处于待签到状态；询问上一班次金融 POS 机刷卡是否正常，金融 POS 机是否有损坏处，按键是否正常，提示界面是否正常，是否有外接其他异常设备等。

（2）执行金融 POS 机签到操作。签到是金融 POS 机开机后收银员必须进行的第一项操作。在金融 POS 机界面中选择“签到”的功能，根据提示，按照规定步骤操作，直至金融 POS 机显示签到成功。

2. 签退的操作步骤

签退的操作步骤如图 1—37 所示。

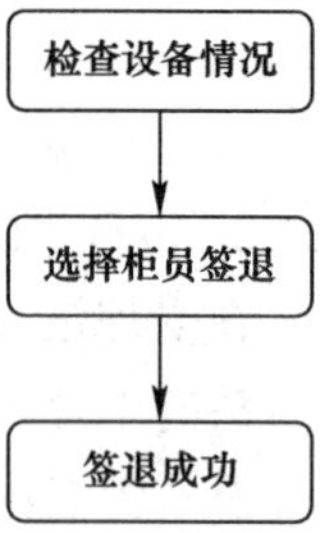

图 1—37　签退的操作步骤

（1）检查金融 POS 机整体情况。收银员下班前须检查金融 POS 机是否处于正常工作状态。

（2）执行金融 POS 机签退操作。在金融 POS 机界面中选择“签退”的功能，根据提示，按照规定步骤操作，直至金融 POS 机显示签退成功。

3. POS 机签到与签退操作的注意事项

（1）在实际操作中，许多收单机构将金融 POS 机设置为结算后或开机后自动签到，无须收银员输入密码进行签到操作；或在第一笔交易时同步进行签到处理。

（2）在实际操作中，许多收单机构将金融 POS 机设置为结算后自动签退。

（3）从金融 POS 机操作的权限管理和安全操作的角度出发，收银员应注意保管好自身的柜员号及密码。

二、POS 机的消费类交易操作

1. 用金融 POS 机进行消费类交易

金融 POS 机消费是指持卡人在特约商户用银行卡进行支付的交易。

消费交易的操作步骤如图 1—38 所示。

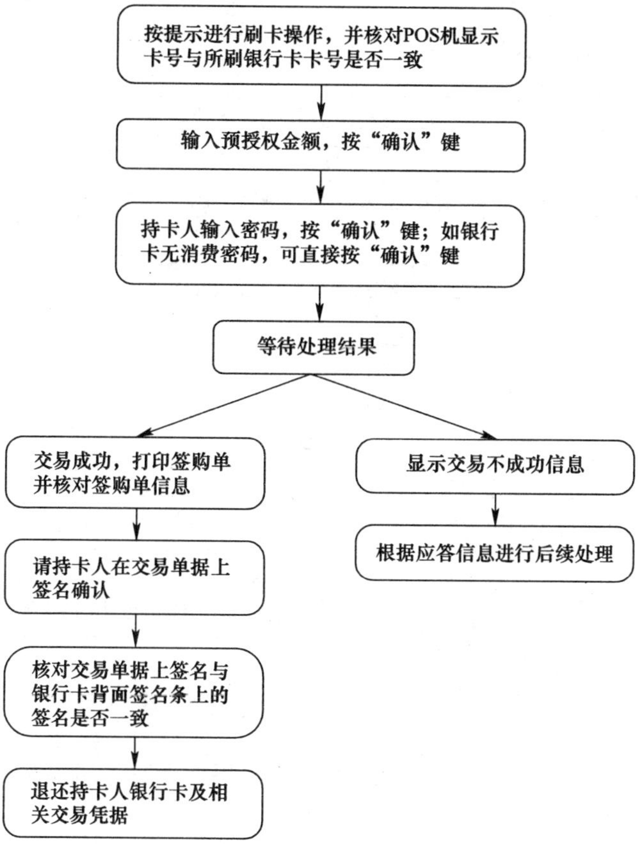

图 1—38　消费交易的操作步骤

（1）刷卡。在 POS 机界面选择“消费”功能，按提示刷卡，刷卡后金融 POS 机屏幕上会显示所受理银行卡的卡号，收银员核对卡号，防止受理伪造卡。如金融 POS 机屏幕上显示的卡号与卡面卡号不一致，不予受理。

（2）输入消费金额。输入正确的消费金额，核对后请持卡人确认。

（3）请持卡人输入密码。请持卡人输入密码，按“确认”键；如银行卡无消费密码，可直接按“确认”键。

（4）打印签购单并核对信息。交易成功后，金融 POS 机自动打印签购单，收银员应核对签购单上的金额是否正确，并核对签购单上打印的卡号是否与卡面卡号一致，如卡号被部分屏蔽，则核对未被屏蔽的卡号部分。

（5）请持卡人签名并核对签名。请持卡人在打印出的签购单上的签字栏内签名，核对签购单上的签名是否与银行卡背面签名条的签名一致。

（6）退还银行卡及交易凭据。核对一致后，将银行卡、签购单的客户联及相关交易凭据交持卡人保存。

2. 消费撤销交易操作

消费撤销交易是指在消费成功后，持卡人或收银员发现消费金额有误或其他情况，需要取消原交易的交易。消费撤销交易只能在当日当批内（是指该收银员从签到至签退为止的整个时段）才能成功。

消费撤销交易操作步骤如图 1—39 所示。

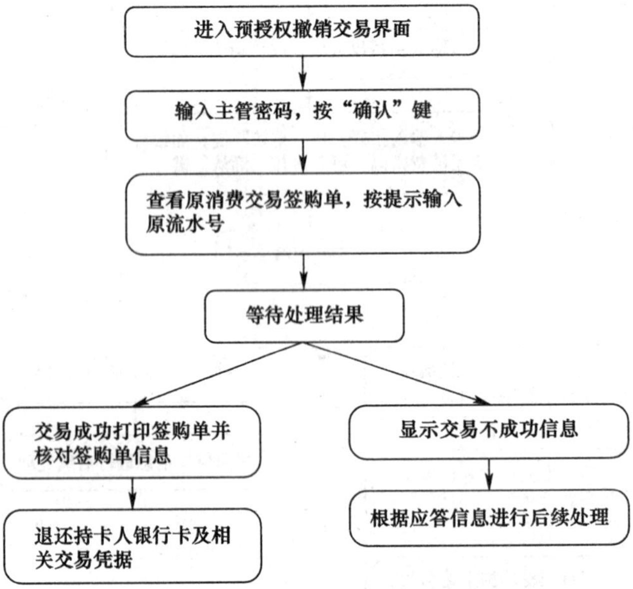

图 1—39　消费撤销交易操作步骤

（1）进入消费撤销交易界面。在金融 POS 机界面选择“消费撤销”功能，根据提示输入主管密码，按“确认”键。

（2）输入原消费交易流水号。查看原消费交易签购单，按提示输入原流水号。

（3）退还银行卡及交易凭据。核对一致后，将银行卡、签购单的客户联及相关交易凭据交持卡人保存。

3. 注意事项

（1）为保证交易资金安全，收银员应严格核对卡号及相关交易信息。

（2）原则上金融 POS 机输入交易金额时，一般以“分”为交易单位，收银员应注意核对交易金额。

（3）交易完成后，应保管好持卡人签名确认并核对后的商户存根联及相关交易凭据。

（4）进行消费撤销交易时需要主管密码。

（5）消费撤销交易只能在当日当批内全额撤销（是指该收银员从当日 POS 机签到至当日 POS 机结算或签退为止的整个过程）时使用。

（6）消费撤销交易与消费交易需在同一台 POS 机上进行操作。

三、POS 机的退货交易操作

1. 用金融 POS 机进行联机退货交易

联机退货交易分为当日的联机退货或隔日的联机退货。

当日的联机退货是指在金融 POS 机未进行结算处理前发生的退货。当日当批全额的退货商户可直接通过使用金融 POS 机界面的“消费撤销”功能实现退货交易，但是“消费撤销”金额必须是原交易的全额。如果只对交易金额进行部分退货，需使用金融 POS 机界面的“退货”功能实现部分退货交易。

隔日的联机退货是指在金融 POS 机完成结算处理或当日后发生的退货，收银员直接在金融 POS 机界面选择“退货”功能，退货资金通过当日清算返还至持卡人开户行。

（1）操作步骤。金融 POS 机联机退货交易操作步骤如图 1—40 所示。

1）进入退货交易界面。在金融 POS 机界面选择“退货”功能，根据提示输入主管

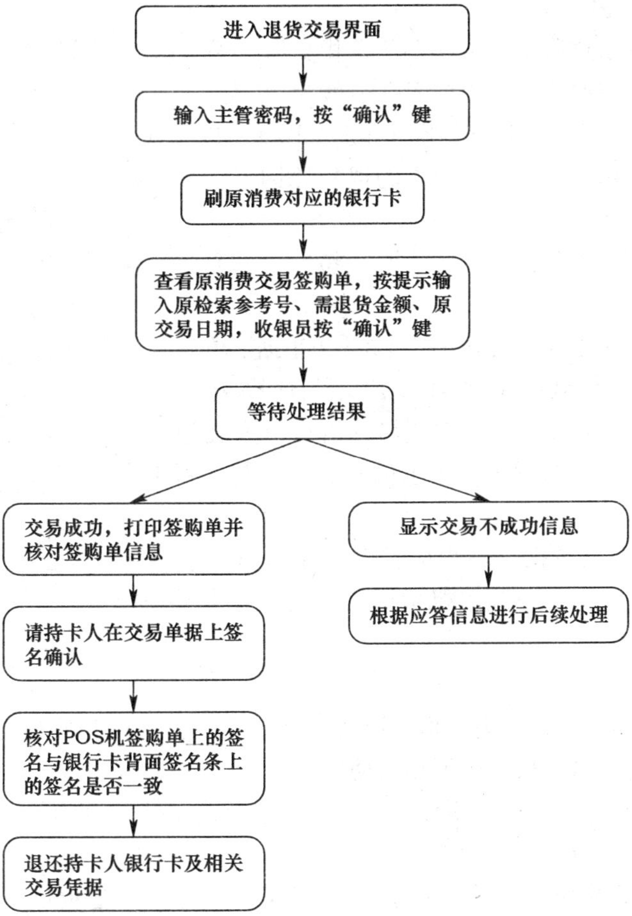

图 1—40　金融 POS 机联机退货交易操作步骤

密码，按“确认”键。

2）刷卡。按提示刷卡后，金融POS机屏幕上会显示持卡人的卡号，收银员核对卡号。

3）输入原消费交易流水号。查看原消费交易签购单，按提示输入原检索参考号、需退货金额、原交易日期，收银员按“确认”键。

4）请持卡人签名确认并核对签名。请持卡人在金融POS机打印出的签购单上的签字栏内签名，核对签购单上的签名是否与银行卡背面签名条上的签名一致。

5）退还银行卡及交易凭据。核对一致后，将银行卡、签购单的客户联及相关交易凭据交持卡人保存，并在原始交易凭证或其他用于退货的有效单据上加注“已办理退货”字样及退货金额和日期。

（2）注意事项

1）支持多次退货，但退货累计金额不得大于原始交易金额。

2）联机退货交易须在原消费交易发生后30天内进行，操作联机退货交易时须注意时效。

3）持卡人退货时应提供原始交易签购单等，当持卡人无法提供原始交易签购单时，商户也可依据签购单商户存根联进行核查。

4）退货交易可在同一商户号的不同终端进行，退货交易时不校验持卡人密码。

2. 手工退货交易

手工退货是指通过脱机方式实现的退货交易。手工退货交易没有金额限制，对原始交易也不作匹配；与原交易可以隔日，一般为30天。

（1）操作步骤。手工退货交易操作步骤如图1—41所示。

1）确认退货要求。了解持卡人的退货原因，并确认持卡人退货要求。

2）核对原交易单据要素。确认原交易发生的日期、金额、卡号等信息。

3）填写退货手工单据。收银员在退货手工单据上填写卡号、原检索参考号、原交易金额、退货金额、原交易日期等要素。

4）请持卡人签名确认并核对签名。请持卡人在退货手工单上签名确认，核对退货手工单上的签名是否与银行卡背面签名条上的签名一致。

5）提交退货手工单据。商户应在3个工作日内将退货手工单据提交收单机构，由收单机构提交公共服务平台进行退货处理。

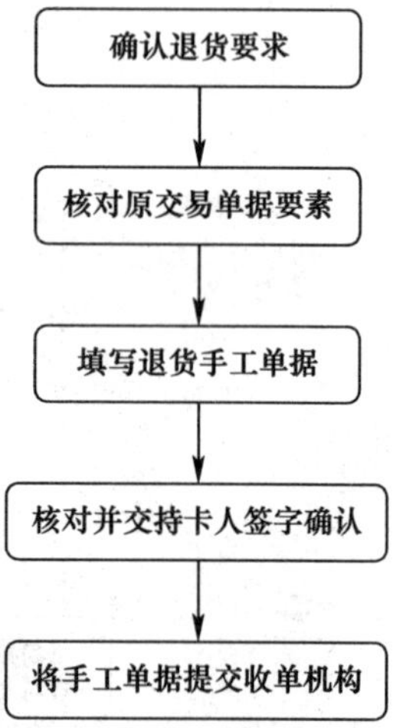

图1—41　手工退货交易操作步骤

（2）注意事项

1）收银员应以联机方式为主提交退货交易，手工方式作为联机方式的补充，在终端或系统由于故障原因无法联机处理时使用。

2）支持多次退货，但退货累计金额不得大于原始交易金额。

3）手工退货交易必须注意时效。

4）持卡人退货时应提供原始交易签购单等，当持卡人无法提供原始交易签购单时，商户也可依据签购单商户存根联进行核查。

第2单元

商品清点与清付

第1节　商品包装

培训目标

- 1. 熟悉商品包装检查
- 2. 掌握商品不当包装的处理方法

一、商品包装检查

1. 商品包装损坏的原因与防损方法

（1）商品包装损坏的原因

1）自然因素。受潮、生锈、发霉、虫蛀、生菌、透光、透空气等。

2）人为因素。搬运震动、移动破损等。

（2）商品包装防损方法。影响商品质量变化的外部因素有物理因素、化学因素、生物因素等。商品包装防护技术正是针对以上影响商品质量的内、外因素而采取的具体防范措施，主要包括以下几点：

1）从进货源头抓起，对容易发生物理、化学、生物等变化的商品注意生产日期，掌握“勤进快销”原则。

2）商品进店后，以包装材料为分类标准进行管理。

3）商品销售时，收银员认真检查商品包装，以减少消费者不必要的损失。

2. 商品包装检查的操作及注意事项

（1）检查商品包装的基本程序。基本程序如图 2—1 所示。

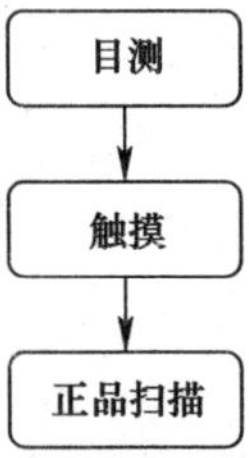

图 2—1　检查商品包装的基本程序

1）目测。收银员双手拿出商品，快速目测商品整体包装情况，观察商品包装有无破损、溢漏、拆封等情况。

2）触摸。有些商品包装只用目测方法检查还不够，还需要用手触摸检查。整箱购买的商品，包装被拆封的，要检查包装内商品名称、数量是否与外包装的内容一致；对外包装不透明且有可疑现象的，要打开包装进行检查。

3）正品扫描。完成商品包装检查，准备扫描。

（2）注意事项

1）目测要全面，特别是要检查纸质包装的边、角位置有无粘贴不牢固，真空包装有无密封不严，玻璃等易碎包装有无裂纹，金属包装有无生锈等。

2）用手触摸要仔细，注意纸质包装是否受潮，塑料包装的密封是否严密等。

3）玻璃等易碎包装、木质包装、金属包装不宜用手触摸检查。

二、发现商品的不当包装及处理方法

1. 操作步骤

发现商品不当包装的操作步骤如图 2—2 所示。

（1）发现商品不当包装。收银员双手拿出商品，快速目测及触摸商品整体包装情况，发现包装损坏或不当商品包装。

（2）安慰顾客。发现商品包装损坏或不当包装后，礼貌、亲切、柔和地对顾客说："对不起，您选的商品包装已损坏。您不用着急，请我们的营业人员帮您再选一件同样的商品好吗？给您添麻烦了，请您原谅。"

（3）收回不当包装的商品。迅速将不当包装的商品存放在收银台旁的商品存放排面，由营业员整理撤出排面，交给收货部的退货员。

（4）掉换商品。请营业人员迅速为顾客取同种商品进行掉换。

（5）再次致歉。掉换商品后，再次用亲切、柔和的语调对顾客说："真对不起，耽误您的时间了，请您原谅。"

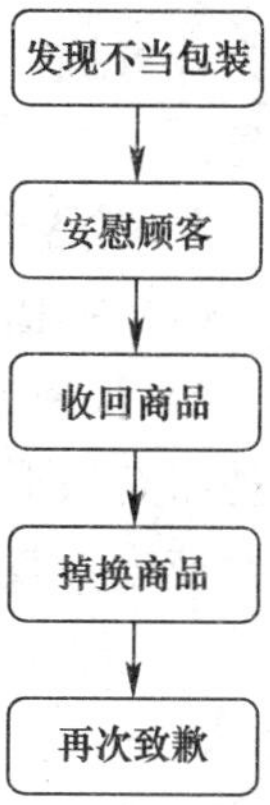

图 2—2　发现商品不当包装的操作步骤

2. 注意事项

（1）收银员在接待顾客时，要注意使用礼貌用语，这样既尊重顾客，也能保证收银工作顺利进行。

（2）收银员说话的语气要忌生硬、忌轻慢、忌急躁，不能对顾客态度生硬，不能不尊重顾客或表现出不耐烦。

（3）不要将不当包装的商品再放回货架，应另行存放，以便商家与厂家予以协商处理。

第 2 节　商品扫描、消磁及防盗签解码

培训目标

→ 1. 熟悉商品的编码和识别
→ 2. 掌握商品扫描和商品消磁技能

一、商品扫描

1. 商品条形码应用的特点

条形码是一种特殊的代码，是由一组宽度不同、反射率不同的编码符号及相应的字符按一定的规则组成的标记。条形码本身并不表示任何特定信息，只是采集信息的一种手段。

使用条形码技术以后，商品首先按照编码规则，将其类别、生产国家、生产厂商、商品名称、规格、价格等信息转换为条形码信息并印制在商品上。当扫描仪扫过条形码符号时，根据光电转换原理，条和空的宽度就变成了电信号，电信号被译码器译出，转换为计算机可读数据，再由计算机对这些基本数据进行加工处理，从而输出商品管理信息。

2. 商品扫描的原则和方法

（1）扫描原则

1）快速。以最快的速度对商品进行扫描，应熟悉一般商品的条形码印刷的位置，保持印有条形码的包装面平整，条形码正对着扫描器或扫描枪。快速的扫描是为了提高收银速度，收银速度是衡量收银人员工作素质的重要指标。

2）无漏扫描。漏扫描会直接造成商场（超市）损失，是收银区域防止损耗的重点之一。无漏扫描即保证每一件商品都被有效扫描过，在顾客已付款的商品中，必须保证无商品漏扫描或扫描不成功。

3）无多次扫描。即保证每一件商品只有效扫描一次。多次扫描会导致顾客多付款，从而引起顾客投诉。

（2）扫描方法（见图 2—3）。先将商品条码展平，对准扫描平台，有时需将商品擦干（生鲜、冷冻商品等）对准条码扫描。当听到“滴”的声音，表示被扫描的商品价格已扫入计算机，接着可进行其他商品的扫描。每扫描一件商品，应注意核对商品价格、品名是否与实物相符。要做到这一点，收银员应熟悉卖场内商品的布局、特价商品的价格、捆绑商品、商品的大类编号。

图 2—3　商品扫描

扫描商品的同时应注意防损。防止有人夹带、调包，注意小孩的手上是否有应扫描商品。对包装后不易看到的商品应打开进行核对、检查，总之要眼观六路。每扫描完一件商品，都应当注意报给顾客听，目的有三个：一是边报价边核对屏幕，扫完即可按付款键，避免重复多扫或漏扫；二是提醒顾客，避免误会；三是便于顾客做好付款准备。

收银员应逐项念出每件商品的金额，避免遗漏扫描。商品扫描不成功应进行重新扫描，应正确使用数量键，进行遗留商品的检查，避免重复扫描。

（3）常见例外。收银员经过多次机器扫描以及手工扫描都不能成功的，称为例外。条码例外的处理是非常重要的，条码不能扫描意味着不能销售，不能销售意味着顾客的需求不能满足，商场所有人员的劳动得不到承认。因此正确地处理条码例外是收银主管、销售主管重要的工作之一。

1）条码失效。通常而言，条码失效的原因不外乎条码损坏、有污渍、磨损或打印不完整、不清楚等几种情形。当出现这些情形时，应在同种商品中找到完整的商品条码，用人工输入方式解决；印刷不完整或不清楚的则重新打印。

2）条码无效。出现条码无效的情形有可能是编码错误、条形码重复使用或假码。当条码无效时，应先核实商品的售价，以商品的实际价格售卖。记录例外情况，由收银主管跟踪解决。

3）多种条码。出现多种条码，可能是商品的包装改变（如买一送一），或促销装商品的赠品条码有效。当出现多种条码情形时，首先应核实正确的条码；若是促销装商品，则应及时报告收银主管，由收银主管或销售主管对所有的非正确条码用正确条码覆盖。

4）无条码。无条码商品可能是商品本身无条码、自制条码脱落或商品条码丢失。当商品无条码时，则要找出相同商品正确的条码，用手工输入；然后告知收银主管或销售主管，由收银主管或销售主管对剩余商品的条码进行检查。

二、商品消磁

1. 商品消磁的概念

电子商品防盗系统（EAS）是指利用声电、声磁原理所设计的专门用于商场防盗的设备，通过放置在商场、超市的出入口或收银通道处的检测系统，侦测粘贴在商品上的防盗软标签或钉在服装鞋帽上的防盗硬标签，当有未经收银人员处理的标签通过系统时，系统会发出报警，以提醒工作人员进行处理。

为了便于防盗处理，一般的商场、超市会在比较贵重的商品上使用防盗标签，当带有磁性的标签通过商场、超市出口的检测系统时，系统会发出警报。因此，对于顾客已经结账的商品必须经过消磁程序，以保证顾客购物过程的顺畅。

2. 商品消磁的原则

（1）快速。以快捷的速度将每一件已经扫描成功的商品进行消磁。

（2）无漏消磁。保证每一件商品都经过消磁且消磁成功，包括熟悉商品消磁的正确方法和有效的消磁空间，掌握重点消磁的商品种类。

（3）保护商品。进行硬标签手工消磁时，不能损坏商品，应轻取轻拿。

3. 常用的防盗标签类型

常用的标签分为软标签及硬标签两种。

（1）软标签

1）主要用途。主要贴在有外包装且包装不易打开、体积较小、价值较高的商品上，如保健品、酒类、化妆品、磁带、CD、电池或糖果等。

2）特点。一次性，不能循环使用；具有隐蔽性。

3）消磁方法。通过收款机消磁系统消磁，报警功能消失。

（2）硬标签

1）主要用途。主要用在没有外包装或包装比较容易被打开且价值较高的商品上，如服装、皮具、皮鞋、酒类和高档食品等。

2）特点。永久性，可循环使用，不具备隐蔽性。

3）消磁方法。收银人员手工用特定工具将标签取下收回。

4. 商品消磁的操作

（1）对于使用软标签的商品，收银人员在扫描商品后，将其放置于消磁板上消磁，放置时应注意将带有磁性的标签面对消磁板（见图 2—4）。

（2）当听到“滴”的声音时，表示消磁成功。

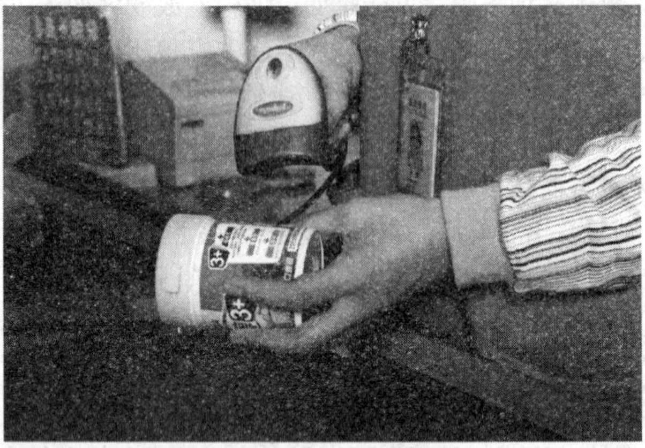

图 2—4　商品消磁

（3）对于使用硬标签的商品，收银人员应将硬标签突出的一端插入取钉器中，然后将硬标签取下，如图 2—5 所示。

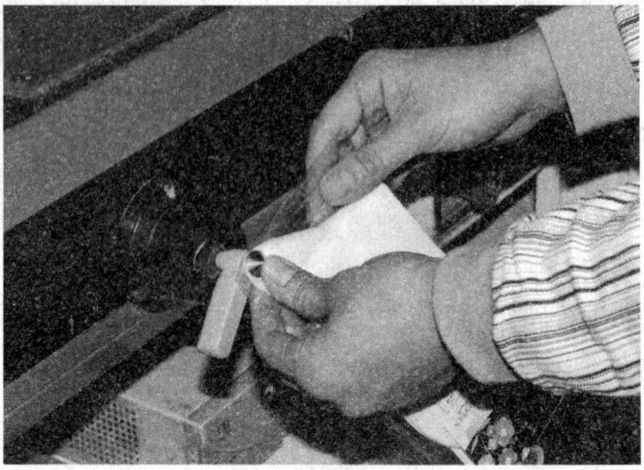

图 2—5　取硬标签

（4）收银人员应准确了解所有带磁性软标签的商品，快速、准确地对商品进行消磁。

（5）在对硬标签进行消磁时，要特别注意，不要损坏商品。

（6）回收的硬标签，收银人员应统一放置，待交班时上交。

5. 商品消磁的例外处理

已结账商品在经过出入口的防盗门时引起警报，称为消磁例外，妥善处理消磁例外是收银人员及收银主管的职责之一。

（1）消磁例外的处理原则

1）收银员。对顾客表示歉意，说“对不起”；对返回的已结账未消磁的商品进行确认，确认后立即进行消磁处理；寻找未消磁的原因，并对例外商品进行记录。

2）收银主管。接到报告后，提醒收银人员收银时应认真工作并做好记录，以便吸取教训；现场处理因未消磁引起的顾客投诉问题。

（2）常见例外的原因及处理措施见表2—1。

表2—1　消磁的例外处理

常见例外	处理措施
漏消磁	1. 商品必须经过消磁程序，特别是使用硬标签的商品 2. 重新消磁
消磁无效	对软标签的类别商品反复多次消磁，直到有消磁提示音为止

6. 消磁时应注意的事项

（1）只有值班收银人员在进行扫描收款时才能对商品进行消磁。

（2）只有在顾客购买付款的过程中才可消磁，保证所有付款后的商品正确消磁。未付款商品不能消磁。

（3）收银人员应避免将商品和包装袋压在消磁板电源线上，这样做容易造成消磁板与电源线接触不良而导致消磁板断电。

（4）收银人员应特别注意体积小、价格较高商品的消磁，如巧克力、高中档内衣、化妆品和洗涤用品等。在对商品进行消磁时应尽量降低商品的高度，并将商品的正反面分别消磁。

（5）特别注意不要将防盗硬标签的钢钉丢弃在地板上，以免造成人身伤害事故。

（6）当消磁系统出现故障时，收银人员有责任第一时间报告收银管理人员请求帮助，在系统未恢复正常工作前，暂停收银程序。

三、商品的编码和识别

条形码自问世以来，为适应多种需要，产生了众多的编码系统，但目前得到国际公认的用于商品包装中的主要有两种，即UPC和EAN码。

1. UPC码

UPC码以IBM公司开发的技术为基础，作为美国、加拿大产品统一的标志符号。

UPC码由11位数字的通用产品代码和一位校验码组成。产品代码的第一位数字为编码系统字符，中间 5 位数字为厂商代码，后 5 位数字为产品代码，如图 2—6 所示。

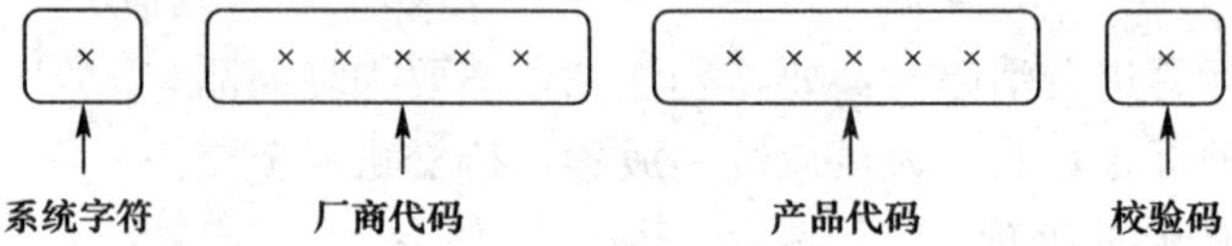

图 2—6　UPC 码的结构

2. EAN 码

EAN 码有两种版本——标准版和缩短版。标准版表示为 13 位数字，又称 EAN－13 码；缩短版表示为 8 位数字，又称 EAN－8 码。

（1）EAN－13 码。由 3 位国家代码（即前缀码）、4 位或 5 位厂商代码、5 位或 4 位商品代码以及 1 位校验码组成，我国大陆的 EAN－13 码排列如图 2—7、图 2—8 所示。

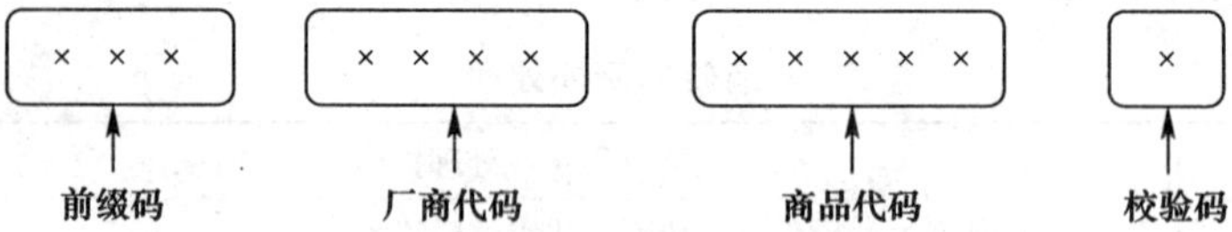

图 2—7　以 690、691 为前缀码的 EAN－13 码结构

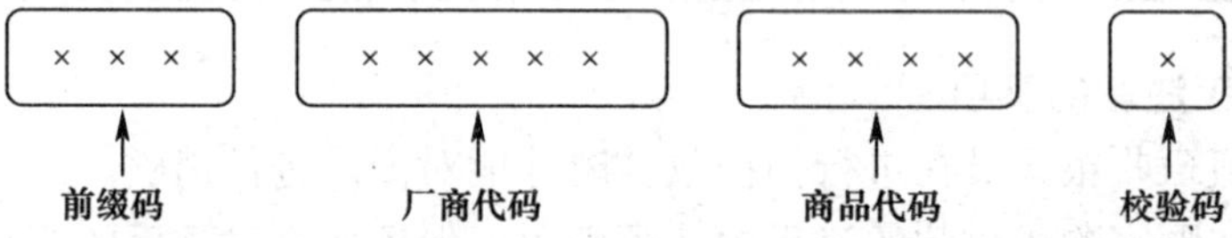

图 2—8　以 692－695 为前缀码的 EAN－13 码结构

【相关链接】

校验码的计算

1. 代码位置序号

代码位置序号是指包括校验码在内的，由右至左的顺序号（校验码的代码位置序号为 1）。

2. 计算步骤

（1）从代码位置序号 2 开始，对所有偶数位的数字代码进行求和。

（2）将步骤①求和的结果乘以 3。

（3）从代码位置序号 3 开始，对所有奇数位的数字代码进行求和。

（4）将步骤②与步骤③的结果相加。

（5）用大于或等于步骤④所得结果且为 10 的最小整数倍的数减去步骤④所得结果，其差即为所求校验码的值。

示例：代码 690123456789X 校验码的计算过程见表 2—2。

表 2—2　　校验码计算过程

步骤	举例说明
自右向左顺序编号	代码位置序号 13 12 11 10 9 8 7 6 5 4 3 2 1 代码 6 9 0 1 2 3 4 5 6 7 8 9 X
从序号 2 开始求出偶数位数字之和①	9+7+5+3+1+9=34　①
①×3=②	34×3=102　②
从序号 3 开始求出奇数位数字之和③	8+6+4+2+0+6=26　③
②+③=④	102+26=128　④
用大于或等于④且为 10 的最小整数倍的数减去④，其差即为所求校验码的值	130−128=2 校验码 X=2

（2）EAN－8 码。EAN－8 码由 8 位数字组成，只有当标准码尺寸超过总印刷面积的 25%时，才允许申报使用该码。EAN－8 码的前 3 位数字为前缀码，中间 4 位数为商品代码，最后一位数为检验码，如图 2—9 所示。

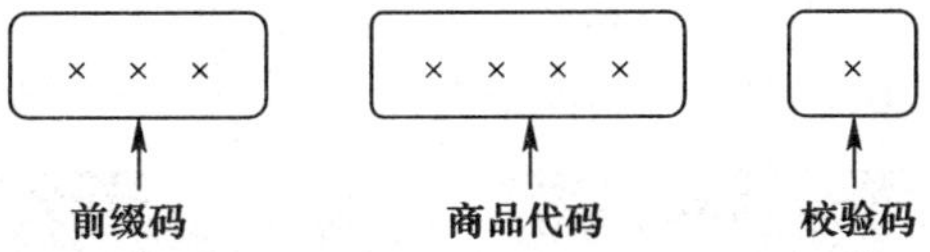

图 2—9　EAN－8 码的结构

第 3 节　商品装袋与交付

培训目标

- 1. 熟悉商品分类
- 2. 掌握商品装袋、商品交付技能

一、商品装袋

1. 商品装袋的原则

（1）正确选择购物袋。购物袋的尺寸有大小之分，应根据商品的多少来选择大小、数量合适的购物袋。究竟用一个大的购物袋还是用两个小的购物袋，由商品的类别和购买的数量来决定。

（2）将商品分类装袋。如服装、内衣等贴身纺织品，一般不与食品混装，避免污染。

（3）装袋后达到易提、稳定、承重合适的效果。

2. 商品装袋的操作

商品装袋的基本操作步骤如图 2—10 所示。

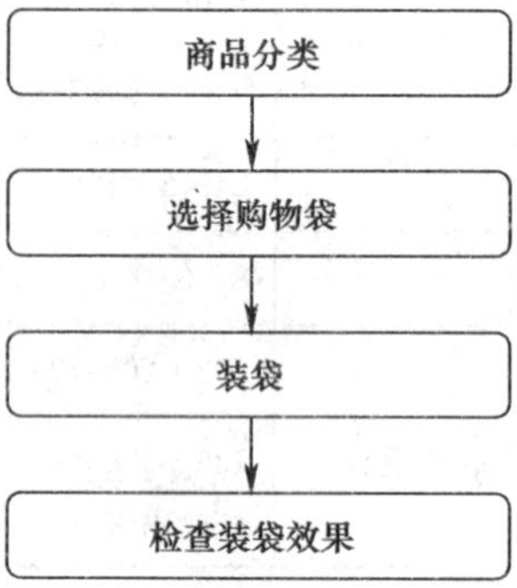

图 2—10　商品装袋的基本操作步骤

（1）商品分类。收银员帮助顾客将已结账商品整理、分类。

（2）选择购物袋。对于来自带购物袋的顾客，收银员可根据商品的数量、外观及重量建议顾客选择购买大小适中的购物袋。

（3）装袋。商品装袋如图 2—11 所示。

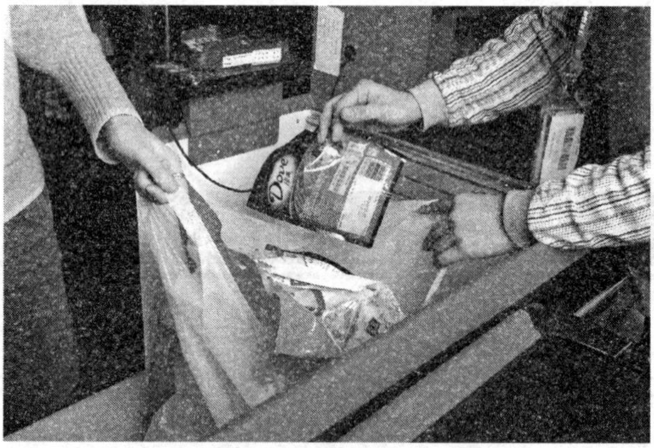

图 2—11　商品装袋

1）按商品分类的原则进行装袋

①服装、内衣等纺织品一般不与食品类商品混装。

②肉、鱼、蔬菜等容易渗漏出汁液的商品，或味道较浓的食品，应先用其他购物袋包装妥当之后再放入大的购物袋内。

③生鲜与干货类、食品与化学用品、生食与熟食等商品必须分开包装。

④冷藏或冷冻食品、豆类制品、乳制品等商品应该单独装袋。

2）按商品特性装袋。收银人员装袋时应注意将不同性质的商品分别装进不同的袋子。

①若包装商品中有易碎物品，可将瓶装和罐装的商品放在购物袋底部，将容易碰损、破碎、较轻、较小的商品（如方便面、膨化食品、薯片等）置于上方。

②考虑商品的强度不同，可将饮料类、罐装类、酒类等商品放在购物袋的底部或侧部，起到支撑的作用。

③装袋时考虑商品的轻重，将重量沉、体积大、底部不稳的商品放在包装袋的底部，轻的商品放在上面。

④装袋时要注意商品的总重量不能超出购物袋的承重极限，商品的总体积不能超出购物袋，如果顾客感觉不方便提取或有可能超重，最好分开装袋或者多套一个购物袋。

⑤体积过大、包装袋装不下的商品，可用绳子捆绑，以方便顾客提拿。

⑥对于一些重量轻、商品本身就有可提式包装的，可以不用装袋，请顾客直接提走。

⑦如果商品可以放在一个购物袋中，但顾客仍要求放在两个或多个购物袋中时，应尽量向顾客解释购物袋可以承受的重量，这样做同时也可以倡导顾客通过节约购物袋来保护环境。

⑧对于体积特别大或重量特别沉，最大号购物袋也装不下的商品，应帮助顾客用绳索捆扎，或请顾客到专门的打包处处理。

⑨容易出水或味道较强烈的商品，要先用其他购物袋包装好，再放进大的购物袋内。

⑩对顾客提出绳扎、装箱等其他要求的，收银人员应为顾客提供力所能及的帮助。

⑪最后将超市或商场促销活动的广告页或赠品放入包装袋中。

3）由顾客自行装袋。有些商场或超市，在人手不够的情况下或在顾客高峰时，顾客可能需要自己装袋，这时收银人员应该遵循如下程序。

①收银人员应迅速浏览顾客所购商品，并估计所用购物袋，然后把购物袋预先放在装袋区。

②将结账完毕的商品交给顾客时，应对顾客说："对不起，请您自己装一下好吗？谢谢！"

③为顾客结完账后，商品仍未装袋完毕的，收银人员应迅速帮助顾客装袋。

④对于应分开袋装的商品，收银人员应提醒顾客分开装袋。

⑤对于无法袋装的商品，应帮助顾客用绳索捆扎，或请顾客到专门的打包处处理。

4）检查装袋效果

①装袋后要易提、稳定、承重合适，收银人员应先自己感受一下购物袋是否过重，提起来是否方便。

②袋装商品要做到既避免重复装袋，又达到充分使用购物袋、节约成本的目的。

③确定商品装袋无误后，收银人员要根据实际需要帮顾客把商品放入购物车中，或交到顾客手中。

④最后应提醒顾客带走所有包装入袋的商品，防止顾客将商品遗忘在收银台上。

3. 商品装袋例外处理

出现商品不能装袋、装袋后袋子破裂等情况，称为商品装袋例外。

商品装袋的常见例外及例外处理措施见表 2—3。

表 2—3　　　　商品装袋的常见例外及例外处理措施

名称	处理措施
商品过重	将商品用多个购物袋分装
不能装袋	向顾客解释因购物袋大小问题不能装袋，并示意顾客到服务台打包捆扎
袋子破裂	去掉破裂的袋子，重新包装
顾客请求满负荷	向顾客解释购物袋可以承受的重量

【相关链接】

国务院办公厅下发《限制生产销售使用塑料购物袋的通知》

2007 年 12 月 31 日，中华人民共和国国务院办公厅下发了《国务院办公厅关于限制生产销售使用塑料购物袋的通知》。这份被群众称为“限塑令”的通知明确规定：“从 2008 年 6 月 1 日起，在全国范围内禁止生产、销售、使用厚度小于 0.025 毫米的塑料购物袋。”“自 2008 年 6 月 1 日起，在所有超市、商场、集贸市场等商品零售场所实行塑料购物袋有偿使用制度，一律不得免费提供塑料购物袋。”

二、商品交付

清点与交付顾客商品操作的基本程序如图 2—12 所示。

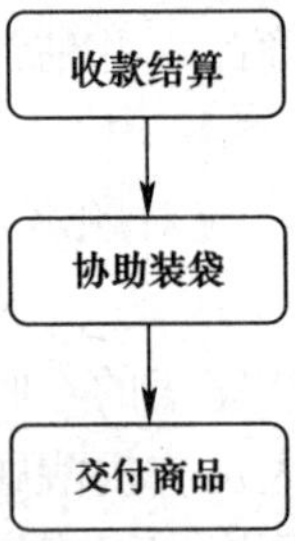

图 2—12　清点与交付顾客商品操作的基本程序

1. 收款结算

收银员帮助顾客将商品从购物篮或购物车内拿出，进行结算并收款。

2. 协助装袋

收银员不管顾客是自带购物袋还是购买购物袋，都应一视同仁地协助顾客将商品分门别类地装入购物袋中。

3. 交付商品

收银员将装好的商品交付顾客（见图 2—13），向顾客致谢并面带笑容，目送顾客离开。

图 2—13　将商品交付顾客

第3单元

现金及票据后台管理

第1节　备用金准备

培训目标

→ 1. 熟悉领取备用金知识
→ 2. 掌握兑零的方法

一、领取备用金

备用金是在营业前，为当班收银员准备一定金额的备用现金，以便在进行收银程序时可以找零，从而保证收银工作的顺利进行。备用金应包括各种面值的纸钞及硬币，其数额可根据营业状况来决定。收款员上岗前（包括每日开业前和营业间重新上岗前），必须设置收款机起始备用金，将领取的备用金放在收款机的现金抽屉内。每台收款机每日的起始备用金相同。

总收款室人员负责准备、盘点每日收款机备用金，并且负责备用金安全及其金额的核对。任何人不得随意挪用备用金。

1. 收款机备用金的币值组合

可用作收款机备用金的货币币值见表3—1。

表3—1　备用金货币币值明细表

币种	币值
纸币	50元
纸币	20元
纸币	10元
纸币	5元
纸币或硬币	1元
纸币或硬币	5角
纸币或硬币	1角

2. 备用金的确定

预留备用金应该是尽量留下小面值的现金，并且最好是按照各种大面值现金面额的倍数进行预留；根据实际营业情况的不同，每天给每个收银员预留的收银备用金可以在500～1 000元之间。节假日与非节假日的备用金应准备不相同的金额。

表3—2、表3—3是某商场在节假日和非节假日备用金的准备方案。

表 3—2 节假日备用金货币组合方案

币值	金额	数量
50 元	200	4
20 元	200	10
10 元	200	20
5 元	100	20
1 元	100	100
5 角	25	50
1 角	10	100
合计	835	

表 3—3 非节假日备用金货币组合方案

币值	金额	数量
50 元	100	2
20 元	100	5
10 元	100	10
5 元	100	20
1 元	100	100
5 角	10	20
1 角	10	100
合计	520	

总收款室的工作人员在给每台收款机准备好备用金以后，还应由专人负责复核备用金的种类及金额是否正确，并填制“备用金登记表”（格式见表 3—4），以明确责任。

表 3—4 备用金登记表

收银员：　　　　收银台号：　　　　日期：

币值	金额	数量
50 元		
20 元		
10 元		
5 元		
1 元		
5 角		
1 角		
合计		

领取人签字：　　　　复核人签字：

二、营业中兑换零钱的有关规定

兑换零钱简称“兑零”，是指收银员将在收银过程中，将 100 元、50 元的大钞兑换成小钞的过程，以便在收银过程中给顾客找现，以保证收银工作的正常进行。

1. 兑零要求

收银员在营业过程中发现备用金不足时不要惊慌失措，也不能私自和其他的收银台互换，而应用手势、灯光或广播的方式请收银主管或领班进行兑换。

2. 兑零程序

收银员在兑零时，应按下列程序操作：

（1）由收银员向收银主管提出兑换零钱的申请。

（2）收银主管到总收款室兑换零钱后再交给收银员。

（3）总收款室的工作人员、收银主管和收银员三方签字进行确认。

第 2 节　清点、上缴营业款

培训目标

→ 1. 了解商业票据的知识

→ 2. 熟悉现金票据的使用

→ 3. 掌握营业现金及票据的清点与上缴技能

一、商业票据的知识

商业企业常见的票据主要是指汇票、本票和支票。

1. 汇票（见图 3—1）

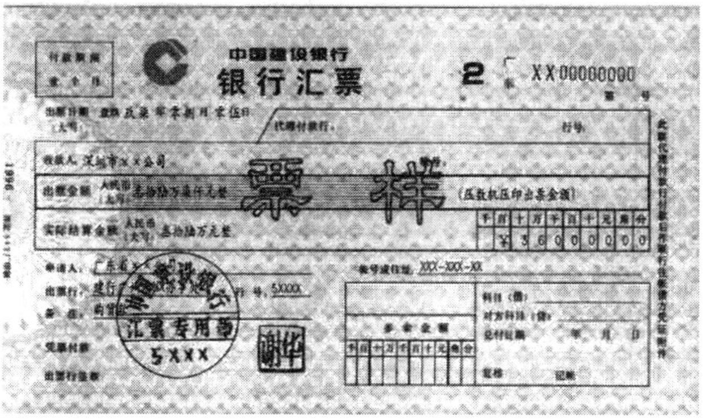

图 3—1　汇票

汇票可分为银行汇票和商业汇票。银行汇票是以银行信用为基础的，属于银行票据，它的出票人和付款人都是出票银行，具有较高的信誉。

汇票必须记载下列事项：

（1）表明“汇票”的字样。

（2）无条件支付的委托。

（3）确定的金额。

（4）付款人名称。

（5）收款人名称。

（6）出票日期。

（7）出票人签章。

汇票上未记载以上规定事项之一的，汇票无效。

2. 本票（见图 3—2）

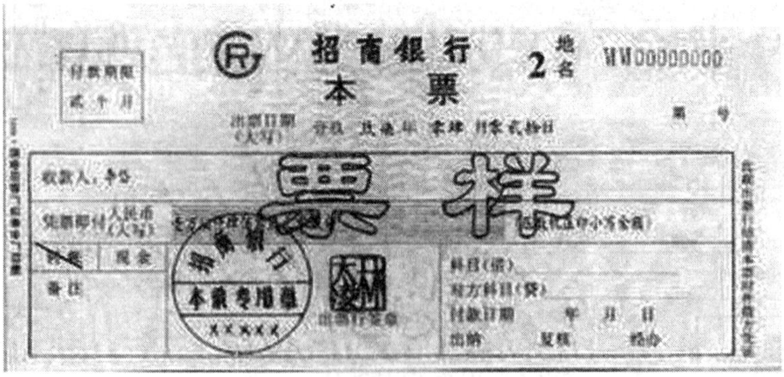

图 3—2　本票

本票是指出票人签发的，承诺自己在见票时无条件支付确定的金额给收款人或持票人的票据。本票按其出票人身份，可以分为银行本票和商业本票。银行或其他金融机构为出票人签发的本票为银行本票。银行或其他金融机构以外的法人或自然人为出票人签发的本票，为商业本票。我国《票据法》只承认银行本票。

银行本票仅限于同城使用，即只适合于在同一交换区域内的商品交易双方使用。

本票必须记载下列事项：

（1）表明“本票”的字样。

（2）无条件支付的承诺。

（3）确定的金额。

（4）收款人名称。

（5）出票日期。

（6）出票人签章。

本票上未记载以上规定事项之一的，本票无效。

3. 支票（见图 3—3）

支票是指出票人签发的，委托办理支票存款业务的银行或者其他金融机构在见票时无条件支付确定的金额给收款人或者持票人的票据。

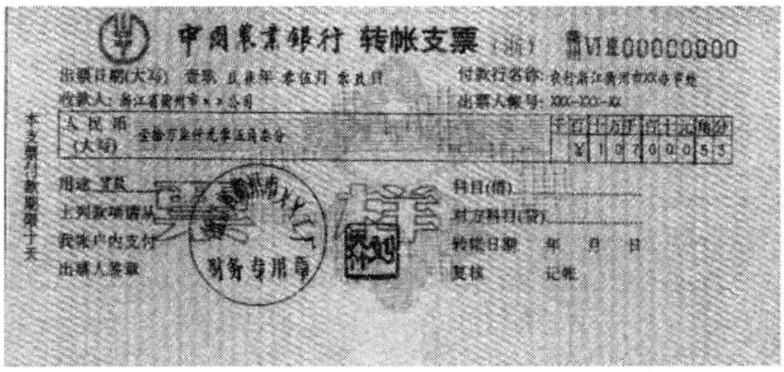

图 3—3　支票

我国现在使用的支票按支付方式，可分为现金支票、转账支票、普通支票和划线支票。

现金支票上印有“现金”字样，只能用于支取现金。

转账支票上印有“转账”字样，只能到支票发行银行办理货币过户手续。此类支票由于不能直接提取现金，账目往来的保险系数略大于现金支票。

普通支票上未印有“现金”或“转账”字样，既可以支取现金，又可以用于转账。

划线支票是在普通支票左上角划两条平行线，只能用于转账，不能用于支取现金。

支票必须记载下列事项：

(1) 表明“支票”的字样。

(2) 无条件支付的委托。

(3) 确定的金额。

(4) 付款人姓名。

(5) 出票日期。

(6) 出票人签章。

支票上未记载以上规定事项之一的，支票无效。

二、现金票据的使用常识

1. 现金收受与处理

(1) 现金的收受。收银员在执行现金收受作业时必须遵守以下原则：

1) 收银员身上不可带有现金。收银员在进行收银工作时，身上不能带现金，以免造成误会。如果收银员携有大额现金，不方便放在个人的寄物柜，可请店长代为存放在店内金库中。

2) 收银台上不可放置私人物品。收银台除茶水外，不可放置其他任何私人物品。收银台上经常会有顾客退货，或临时取消购买的商品，若有私人物品放在收银台，容易与顾客的退货混淆。

3) 收银时不可擅自离岗。收银员在执行收银作业时，不得擅自离岗。收银柜台内有金钱、发票、礼券和单据等重要物品，如果擅自离机，会给不法分子以可乘之机，造成店内的损失，同时，还可能引起顾客的不满。

4) 收银员不可为自己的亲朋好友结账。避免收银员利用职务之便，以更低的价格登录至收款机，而图利亲友。

（2）现金存放。现金存放有以下几项管理要求：

1）企业库存现金应按开户银行规定的限额存放。企业在满足日常开支的前提下，应尽量减少现金的存放。企业收取的现金和超出库存限额的现金必须及时送存银行。

2）企业的现金，应按券别分类存放，以便于管理；纸币和硬币也应分别存放，以便于整理和清点。

3）出纳人员和收银员在收付、存放现金时应爱护人民币，不准损毁人民币，不要在人民币上写字、画记号，残缺、破损的人民币，应及时向银行兑换。

4）企业现金的保管应由企业的出纳人员办理，非出纳人员不得经管现金。收银员收取的现金，必须及时放入收款机内，离开时，须将收款机锁好。下班时，将所收现金整理清点后上缴给总收款室，并由总收款室人员及时送存银行。

5）做好现金存放的安防措施。保安工作的重点是企业的总收款室和出纳人员的办公室。总收款室和出纳办公室应选择坚固、实用的房间，能防火、防潮、防盗，窗户要装有防盗网，门要安装防盗门，室内应配备专用保险柜及防盗报警系统；保险柜密码和钥匙应由总收款人员和出纳人员专门管理，不得由其他人员代管。总收款人员和出纳人员变动，应及时更换保险柜密码。

2. 支票收受与处理

（1）支票收银业务的操作（见图 3—4）。

1）支票的审验。收银员在接受付款人交来的支票时，应注意审核以下内容：

①检查支票的质地与完好程度，检查支票是否有折痕、撕裂。

②支票上的企业公章或财务专用章和法人代表章是否齐全，是否完好无损，印章位置是否正确，印章是否出现重叠、残缺或模糊印迹。

③支票是否按规定用碳素墨水填写或用支票打印机打印；笔迹是否规范；有无修改或重描，打印机字体是否一致等。

④支票上金额是否正确，大小写是否一致。

⑤支票的日期是否为远期或过期（支票应在有效期内使用。一般支票的有效期为 10 天，如遇节假日可以顺延）。

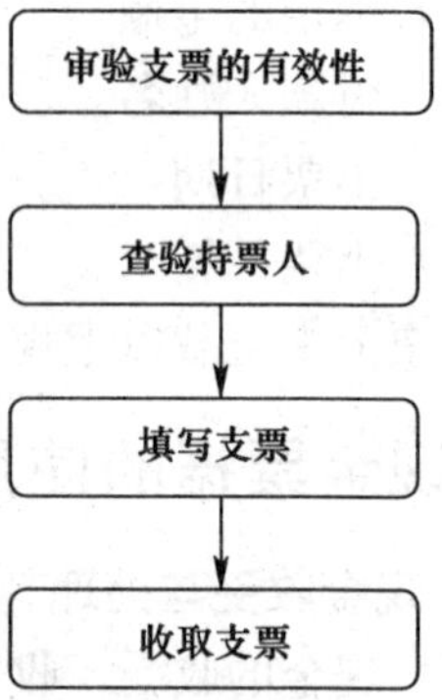

图 3—4　支票收银操作流程

⑥支票收款人或被背书人是否确为本收款人。背书转让的支票其背书是否连续，有无“不准转让”字样。

收银员检验发现支票有不符合上述情形之一的，有权拒收支票。

2）查验持票人。查看持票人的身份证与工作证并在备查簿中进行登记，同时须留下购货单位联系人姓名及联系电话。

3）将未填写金额、日期、收款人的支票填写完整。

①填写支票时一律用墨汁或碳素墨水填写，大、小写金额，收款人三处不得涂改。

②开票日期要求用中文大写数字书写。在填写月、日时，如果月份数是壹到壹拾的，日期是壹到玖和壹拾、贰拾和叁拾的，应该在其前面加“零”字；月份数为拾、拾壹和拾贰，日为拾到拾玖的，应该在其前面加写“壹”字。例：2012 年 1 月 10 日，应写成：贰零壹贰年零壹月零壹拾日。

③收款人名称要填写收款单位注册的全称，不能填写其简称。

4）收取支票。收银人员在确认支票无误后，操作收款机交易完成，弹开钱箱，把支票放入钱箱的相应位置，然后关闭钱箱。

（2）支票收受的规定

1）收银员在收受支票时，对支票有疑问，应立即通知收银主管，通过电话查询持票人的身份来决定是否收受。

2）收受支票时，如遇 5 000 元以上的款项，不管任何企业，都必须倒进账，款到账后方能提货。

3）5 000 元以下的款项，属以下性质的支票，可以不倒进账，但需电话查询落实并登记，可直接提货：

①知名的大中型企业。

②行政单位。如：省市政府、街道办事处、税务局、社保局、公安局、公证处、工商管理部门等。

③事业单位。如：银行、电信局、邮局、部队、学校、公路征费处、电台、电视台、报社、科学研究院所、供电局、审计局、证券公司、卫生局、环保局、教委、事务所、大中型医院、公交系统等。

④经常到己单位来购物的往来单位。

⑤有部门经理以上人员担保者。

4）以下性质的单位，不管金额大小、一律必须倒进账，款到账后方能提货：不知名的小企业有限责任公司、商贸有限责任公司、贸易公司、房地产公司、私营小企业、发展公司、专卖公司、实业公司、合作公司、个体户等。

5）团购人员联系的购货单位，不适用以上规定限制，但必须由团购工作人员填写担保书，在支票登记本上签名备案，上级主管部门审批，并为自己的行为负责。总收人员应监督检查，并有权制止违反本规定的人和事。支票当时到进账拿到回执后，方可提货，否则不予办理。

单元 3

三、营业现金及票据的清点及上缴

1. 操作步骤（见图 3—5）

（1）结束收银。

（2）打印收银总账退出收款机系统。

（3）通知收银主管并将打印好的收银总账交给收银主管。

（4）装袋。整理现金及票据并装入专用钱袋中。

（5）清点。在总收款室清点现金及票据，填写缴款单。

（6）缴款。收银员唱付款项，总收款室人员当面清点收银员交来的款项并唱收，以

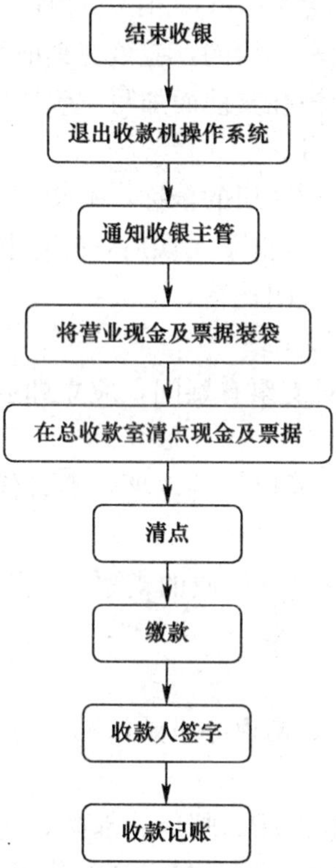

图 3—5　营业现金及票据的清点及上缴步骤

明确责任。

(7) 收款人签字。负责收款的总收款室人员核对现金及相关单据无误后，将现金及单据存入保险柜内，在“缴款单”上签字。

(8) 收款记账。总收款室人员在“收银备查账簿”中记录款额、单据种类及数量、收款机编号、缴款时间以及缴款人，收银员需在缴款人栏内签字。

2. 注意事项

(1) 收银员上缴钱款时，不要在公共场所闲谈、逗留，应确保现金安全。

(2) 对已装入专用钱袋中的现金，不得随意与其他收银员兑换零整。

(3) 交款时不得随意把专用钱袋交给其他人代缴。

附　录

商业企业常用名词

（以词组首个汉字拼音的首位字母为序排列）

B

Bay——指整排货架中的一组货架，或者某一个完整的陈列区域。

保质期——食品的最佳食用期或最佳使用期。超过保质期的商品其质量无法保证。

变价——根据市场竞争的需要改变商品售价的行为。

补货——对卖场商品陈列不足的位置根据先进先出的理念（新商品补入货架底部）将商品补充丰满的行为。

报废——对已不可再销售而且不能向供应商退货的商品进行销毁处理的行为。

补单——对无订单商品的到货，经过业务主管同意而补做的订单。

C

陈列——指商品的展示，即按照一定的原则，利用货架或其他工具将商品展示出来，以方便顾客进行挑选和购买。

除霜——除去冷冻柜在制冷过程中产生的霜花。

促销价——商品在促销期间的优惠价格。

催单——与已下订单商品的供货商进行电话联络，确认并要求其及时送货。

出清——指因型号老旧、保质期接近或瑕疵品等原因需要立即将商品销售出去的状况。

畅销品——指知名度高、销售能力强的商品。

畅缺——畅销商品出现的缺货现象。

D

端架——卖场整排货架两端的位置，一般用来陈列促销商品。

顶仓——卖场货架的顶部，用来存放整箱或散箱商品，当做仓库来使用。

堆头——也叫量陈，是指在卖场通道等其他非货架区域集中进行的大量陈列。

地磅——收货部门称量商品质量的设备。

地牛——也叫手动叉车，补货时使用的人力牵引工具，一般需要配合栈板使用，最多能承重 3 吨。

冻库——用于储存需冷藏或冷冻商品的库房。

动线——顾客在店内自然行走、购物的轨迹。

DM——Direct Mail 的缩写，是指随报纸邮递的广告或门店内外散发的海报，其内容主要是店铺商品推荐和促销品的介绍及店内定期的优惠活动等，印在 DM 海报上的促销商品一般被称为 DM 商品，DM 海报是店铺内外与顾客沟通的重要途径。

档期——指促销的一个周期，一般一个 DM 促销档期持续的时间为两周，如周三上档，隔周的周二下档。

单品——商品的最小库存单位。

单品号——单品号也叫货号，卖场为了便于单品的管理，为每个单品编一个数字代码，通过这个代码，可以从卖场的系统中查询到单品的所有信息。

断货——指因卖场方面或供应商造成的商品无法继续供应的现象。

订货——根据商品的库存情况和销售状况，向供应商要货的行为。

订单——向供应商发出的订货单据（表格），内容包括供应商名称、供应商编号、商品号、商品名称、商品规格、商品进价、订货数量等。

订货周期——对同一种商品或向同一供应商两次订货之间的时间。

大宗出货——特指专业批发商一次大批量低价购入单一商品的采购行为。

DMS——即日平均销售量，一般指单项货品日平均销售的数量。

倒进账——指持票人将支票直接交存出票人开户银行，出票人开户银行根据支票划转款项。

G

孤儿商品——指由于顾客挑选商品时出现新的选择，而将一些商品弃置在卖场其他地方，从而使其离开原来的陈列位置的商品。

H

货架——卖场中用来存放和展示商品的道具（铁制架子），可以分为底板（T 型和 L 型层板、背板）、立柱、刀臂等几个部分。

黄金高度——指商品陈列时，最容易让顾客看到及拿到的区域，高度为 140～160 厘米的区域。

花车——一种小型的可移动的货架，是用来陈列促销商品的道具，有上下两层。上方陈列销售商品；下方由帷布构成，可放置库存。

换档——指 DM 档期上一个活动期与下一个活动期交替的过程。

会员卡——商家专门为顾客办理的购物卡，顾客持卡可以享受部分商品的优惠，也可以进行销售额的积分，获得商场准备的各种礼品。

会员价——具有商场会员资格的顾客才能享受到的商品的价格。

会员商品——商家专门提供给会员的商品，只有会员才能购买的商品。

J

价签——也叫货价卡，是放在商品左下角的标签，价签上注明品号、品名及零售价，可供顾客购物参考，以及用于商品陈列定位管理。

季节性商品——指由于季节变化造成的顾客需求量变化明显的商品。

结账——顾客在取货后，到收银台处结算的过程。

K

客单价——指来店购物的顾客一人一次购买商品的金额数。一般指的是平均客单价，是店内收银机统计某一段时间内的销售额除以该时段的来客数，得出的平均购买金额。

L

拉排面——将货架层板上的商品往前面及侧面拉，使商品陈列显得丰满和整齐的动作。

冷藏柜——冷藏商品（如酸奶、鲜牛奶等）的陈列设备，柜内温度控制在 0～4℃，高度约为 210 厘米。

冷冻柜——也叫卧柜，冷冻商品（如冰激凌、冷冻面食等）的陈列设备，温度控制在－18～－22℃，高度约为 210 厘米。

来客数——指店内收款机统计的某一段时间内来店选购商品并通过收银台结算的顾客人数。

M

MIS——是 Management Information System 的缩写，即指信息管理系统。

买赠——厂商为了增加商品的销量，在商品上直接捆绑赠品的做法。

P

排面——商品在货架上展示出的整体状况的统称。

POP——Point Of Purchase 的缩写，中文译为“店头广告”，是超市卖场内悬挂的广告，以提示顾客各种商品及价格信息。

盘点——为明确计算机系统或账面上的库存数量与实际商品库存数量之间的差异而进行的数量清查。

盘亏——商品或资产清点后的实际库存数量比账面或系统中的理论库存数量少叫盘亏。

盘盈——商品或资产清点后的实际库存数量比账面或系统中的理论库存数量多叫盘盈。

POS——Point Of Sale 的缩写，指计算机销售系统，POS 系统的主要功能包括前台收款、销售明细、前台交班、修改密码、参数设置等。

破包——指在商品的运输、装卸、上货、陈列过程中，包装受到损坏，或在顾客挑选中受到损坏，不能正常销售的商品包装。

Q

清仓——指商家因季节、市场等原因，将某种商品剩余库存降价销售的做法。

R

日配——指卖场内所出售的每日需要配送的商品，如牛奶、面包、豆制品、速冻品等。

S

上档——促销期开始的准备工作。

送货周期——是供应商在收到卖场所发订单之日起，准备货物、运输，到卖场收货所需要的天数。

损耗——指在商品的日常作业过程中产生的消耗，如生鲜商品的弃货、丢失、破损等。

市调——即市场调查，分为三种：一种是竞争店调查，对同业竞争对象进行商品、动线、陈列、促销等的调查；一种是商圈调查，针对商圈范围内的顾客群、同业、购买力、状况、交通等进行调查；一种是顾客调查，主要是对顾客的商品需求和购物满意度的调查。

商圈——指商场吸引顾客来购物的区域范围。

T

团购——指企事业单位、学校等到卖场进行批量商品采购，使用票据或现金（大于5 000元）结算的采购行为。

X

下档——指促销期结束的收尾工作。

Z

栈板——也叫地拍，是用来堆放整箱商品，或与地牛配合运输货物的方形板子，有木制的，也有塑料制的。

主通道——卖场中引导顾客购物行走路线的主要通道，是卖场中最宽的通道。

暂存区——门店进货、退货、处理破包的一个暂时存放区域，主要用于防止与正常库存混淆。

正常商品——在收银系统中设置为可以订货、退货、正常销售的商品。

正常价——指考虑到商品的进价并配合公司政策所拟订的平时销售价格。

滞销品——指长期销售不好的商品。在一定的天数内（一般情况下，百货≥30 天、杂货≥20 天）销售记录为零的商品即可视为滞销品。

赠品——厂商或卖场用于促销的赠送给顾客的非卖品。

专柜——在收银区以外的某一类商品销售的专门柜台。